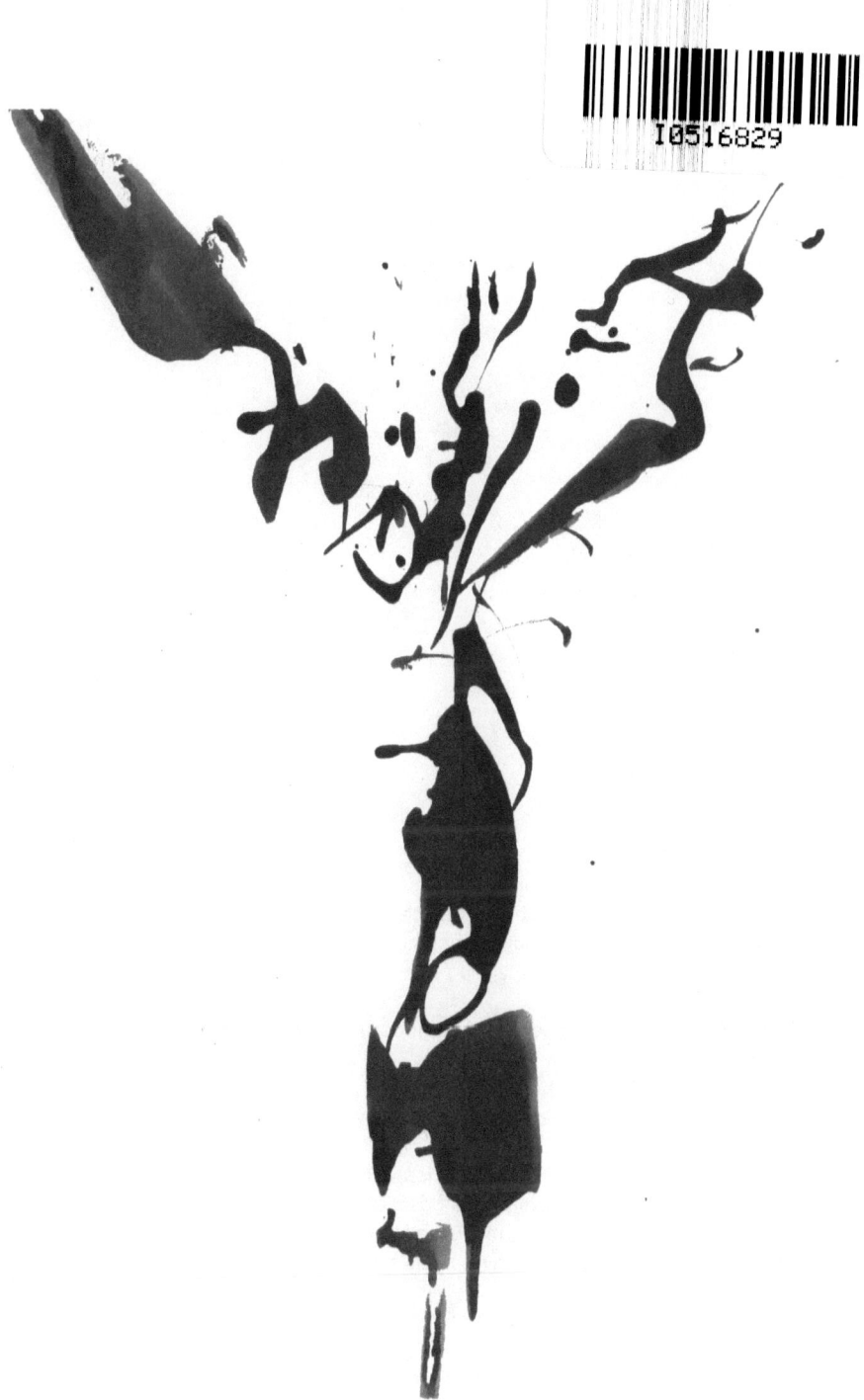

Ciclo 688

ISBN 9798324947187

Titolo / Titel: ALESSANDRO CHIODO: CICLO
Sottotitolo / Untertitel: Disegni / Zeichnungen
Testo critico di / Mit einem Beitrag von Enrico Formica ©2024 Enrico Formica
Prima pubblicazione / Erste Veröffentlichung: febbraio 2024
Edizione ampliata / Erweiterte Ausgabe: maggio / Mai 2024

Immagine di copertina: "Ciclo 651", disegno / Zeichnung di / von Alessandro Chiodo
© VG Bild-Kunst, Bonn 2024

Per le opere di / Für die Werke von Alessandro Chiodo © VG Bild-Kunst, Bonn 2024

Tutti i diritti riservati. È assolutamente vietata la riproduzione totale o parziale di questo libro, così come l'inserimento in circuiti informatici, la trasmissione sotto qualsiasi forma o con qualsiasi mezzo elettronico, meccanico o altro, mediante fotocopie, registrazione o altri metodi di riproduzione o copia, senza l'autorizzazione scritta dei titolari dei diritti d'autore (titolari del copyright).

URHEBERRECHTE
Alle Rechte vorbehalten. Diese Publikation einschließlich aller Teile ist urheberrechtlich geschützt. Jede Verwertung außerhalb des Urheberrechtsgesetzes ist ohne Zustimmung des Herausgebers unzulässig und strafbar.

ALESSANDRO CHIODO: CICLO

Disegni / Zeichnungen

PONDERA VERBORUM ART PROJECT

"Il primo fattore è quello dell'impegno, un impegno che si può definire latamente politico, anche se non collegato a posizioni specifiche. Tutti i suoi lavori rimandano a una difesa dell'uomo sociale, a un auspicio di convivenza che depreca i tanti tradimenti individualistici del bene comune. Questa tensione è evidente nei tanti lavori dedicati all'amata disgraziata Italia, all'Europa per lui orizzonte irrinunciabile di civiltà, alle mappe , alle bandiere, al tema più volte trattato dei naufragi nel Mediterraneo. Ma a ben vedere è presente sempre, anche in opere apparentemente sfuggenti come questa serie sperimentale di disegni. Qui l'umanità è ridotta all'osso, come nei drammi di Beckett: non c'è eloquio, non c'è affermazione, ma si manifesta comunque un'austera volontà di vita, un diagramma intermittente di presenza, una necessità appunto beckettiana di dire senza che si possa dire nulla, come dovere etico.
"

Enrico Formica

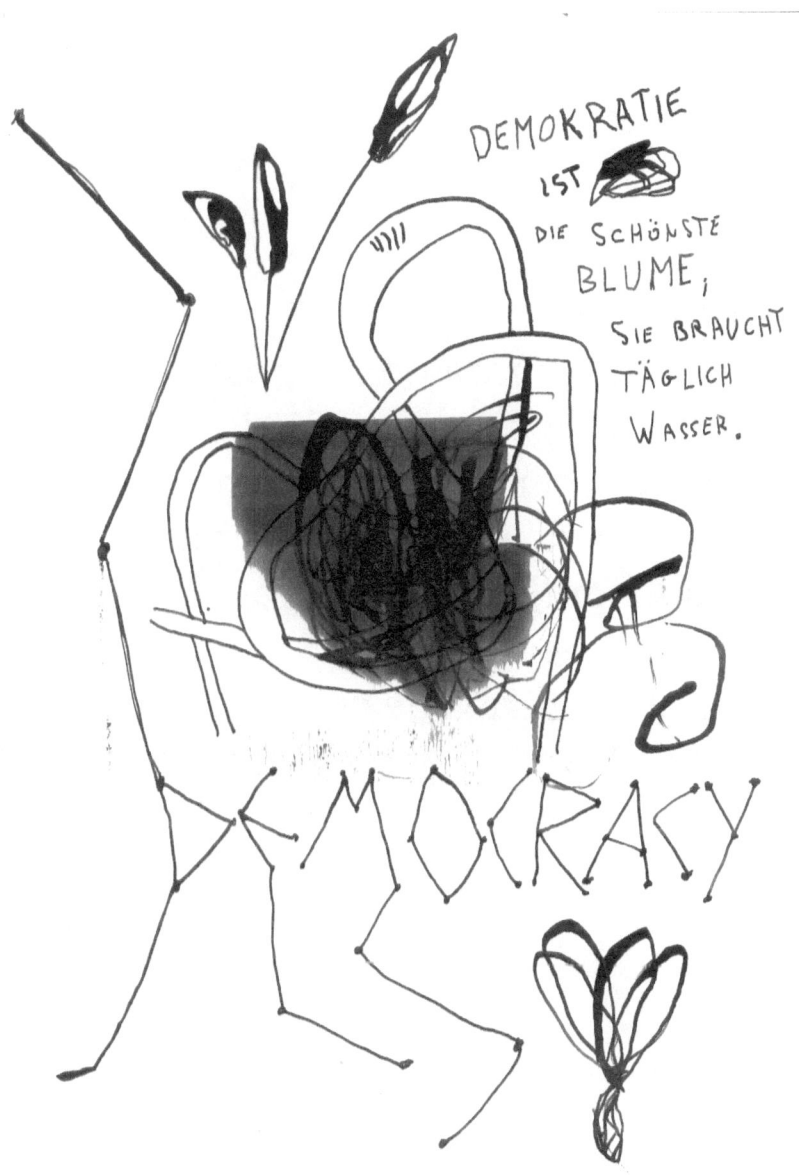

Ciclo 300

"La tumultuosa, dilagante produzione artistica di Alessandro Chiodo sembra non conoscere alcuna regola di continuità, in nome di una libertà espressiva non limitata da precetti, fedeltà, tradizioni, tecniche ecc.

In realtà direi che ci sono almeno due fattori di coerenza rilevanti nel suo procedere."

Enrico Formica

ENRICO FORMICA

La tumultuosa, dilagante produzione artistica di Alessandro Chiodo sembra non conoscere alcuna regola di continuità, in nome di una libertà espressiva non limitata da precetti, fedeltà, tradizioni, tecniche ecc.

In realtà direi che ci sono almeno due fattori di coerenza rilevanti nel suo procedere.

Il primo è quello dell'impegno, un impegno che si può definire latamente politico, anche se non collegato a posizioni specifiche. Tutti i suoi lavori rimandano a una difesa dell'uomo sociale, a un auspicio di convivenza che deprecca i tanti tradimenti individualistici del bene comune. Questa tensione è evidente nei tanti lavori dedicati all'amata disgraziata Italia, all'Europa per lui orizzonte irrinunciabile di civiltà, alle mappe , alle bandiere, al tema più volte trattato dei naufragi nel Mediterraneo. Ma a ben vedere è presente sempre, anche in opere apparentemente sfuggenti come questa serie sperimentale di disegni. Qui l'umanità è ridotta all'osso, come nei drammi di Beckett: non c'è eloquio, non c'è affermazione, ma si manifesta comunque un'austera volontà di vita, un diagramma intermittente di presenza, una necessità appunto beckettiana di dire senza che si possa dire nulla, come dovere etico.

Il secondo fattore di continuità è più sottile e non semplice da spiegare, ma io ce lo vedo e vorrei provare a spiegarlo. Riguarda il suo rapporto con la *forma*.

Se attraversiamo il suo ampio repertorio di scritti critici, notiamo che Chiodo annette sempre un'importanza centrale all'aspetto formale delle opere di cui tratta. Non rifiuta per nulla i formalismi accentuati del Settecento e dell'Ottocento, anzi, anche negli ultimi decenni così pieni di ogni tipo di avventurosa espressione artistica tende a privilegiare gli artisti attenti alla coerenza formale, più di quanto non faccia io, per dire, che sono molto più *barricadero* di lui.

Allo stesso tempo, però, come artista, la forma non è mai per lui un modello, un'esigenza a priori, un dovere. Si configura piuttosto come *preoccupazione*, come *orizzonte*. Deve tenere insieme, infatti, opposte esigenze interiori: una sete di essenzialità, alla Malevič, si accompagna all'ambizione di catturare il particolare, il transeunte, l'umano-troppo umano, il lungo catalogo delle malefatte planetarie. Potrebbe valere per Chiodo il felice titolo di una delle mostre più famose del Novecento, oggetto anche in anni recenti di un fortunato reenactment, *When attitudes become form* di Harald Szeemann. Nel senso che la forma in lui assume la veste di una coerenza strutturale *interna*, relativa cioè esclusivamente al campo in cui è attivo in quel momento. Per questo Chiodo ama sviluppare il proprio lavoro in serie distanti tra loro, ma dalla ferrea organizzazione, come *variazioni* di un tema musicale (è appena il caso di accennare alla sua attività anche in campo musicale come compositore). I temi sono diversi, dipendono dall'ispirazione, dal momento politico, dalla situazione personale, ma il metodo con cui vengono sviluppati mi sembra costante: solo il complesso delle variazioni possibili può esaurire le infinite possibilità di articolarsi del tema.

Spesso la sua tendenza all'indignazione l'ha portato a debordare, lui così affamato di notizie, di sapere, di immagini, di esperienze, così portato ad affastellare molteplici attività, a infittire cose e simboli. Alle volte, forse, le sue opere peccano per troppa generosità, per troppo furore. Le sue sculture, per esempio, spesso addensano crudele realismo e colori inverosimili, si offrono come urlanti testimonianze.

Questa serie di disegni appartiene al polo opposto, altrettanto presente, della ricerca dell'essenziale. Solo inchiostro di china e carta, ma è un universo espressivo potenzialmente infinito. A partire da un nucleo espressivo minimale i lavori sviluppano, presi nell'insieme, una compressa intensità vulcanica. In questo caso abbiamo *astratti furori*, come il protagonista di *Conversazione in Sicilia* di Vittorini. La componente istintiva gestuale, la stessa di artisti come Mathieu e Hartung, si traduce in energia pura. A volte dilaga, occupa il foglio, spaventa e attira nella sua piena. A volte si trattiene, ritmata, intermittente, pulsante, ma sembra comunque sangue nero che cola. L'uso del righello fa pensare a diagrammi, a misurazioni di stati febbrili, a misteriosi intraducibili codici meccanici. Quella già descritta dimensione narrativa senza oggetto, senza possibilità di storia, ha sfumature tecnologiche: una fantascienza *inner space*, quasi un viaggio nei cervelli umani ed elettronici.

Viene la tentazione di vedere delle immagini, in queste colate di energia, ma personalmente ritengo che ogni test di Rorschach darebbe risultati deludenti. Più interessante, ma molto difficile, vedere in esse delle *citazioni*, cioè tracce della vasta cultura figurativa dell'autore che affiorano più inconsciamente che consapevolmente. Lui stesso mi ha rivelato che a monte di *Ciclo 376 (fig. 1)* c'è una scultura di Sean Scully. Naturalmente, senza il suo aiuto, è arduo rinvenire alcunché oggettivamente. Ma si può giocare con le *proprie* reminiscenze: io, per esempio, ho visto Soulages, Miró, Poliakoff...

Resta il fatto che passando un po' di tempo con queste immagini se ne colgono infiniti echi, si aprono metafantasticherie che ci fanno abbandonare la realtà per entrare in un altro mondo, austero, spettrale, ma affascinante. È il potere dell'arte.

" Più interessante, ma molto difficile, vedere in esse delle *citazioni*, cioè tracce della vasta cultura figurativa dell'autore che affiorano più inconsciamente che consapevolmente. Lui stesso mi ha rivelato che a monte di *Ciclo 376* c'è una scultura di Sean Scully... "

Enrico Formica

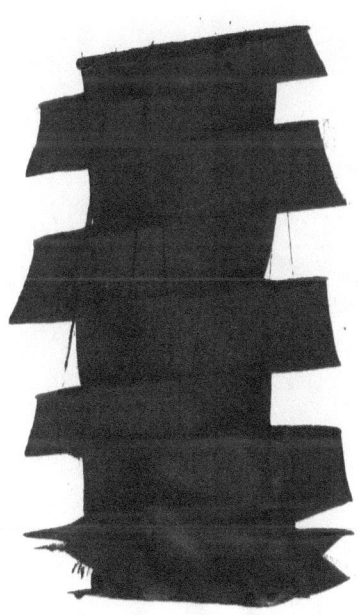

Fig. 1: *Ciclo 376*

„ Das turbulente, zügellose künstlerische Schaffen von Alessandro Chiodo scheint keine Regeln der Kontinuität zu kennen, im Namen einer Ausdrucksfreiheit, die nicht durch Vorschriften, Treue, Traditionen, Techniken usw. eingeschränkt wird.

Tatsächlich würde ich sagen, dass es in seinem Vorgehen mindestens zwei relevante Kohärenzfaktoren gibt. "

Enrico Formica

ENRICO FORMICA

Das turbulente, zügellose künstlerische Schaffen von Alessandro Chiodo scheint keine Regeln der Kontinuität zu kennen, im Namen einer Ausdrucksfreiheit, die nicht durch Vorschriften, Treue, Traditionen, Techniken usw. eingeschränkt wird.
Tatsächlich würde ich sagen, dass es in seinem Vorgehen mindestens zwei relevante Kohärenzfaktoren gibt.
Der erste ist der des Engagements, eines Engagements, das weitgehend als politisch definiert werden kann, auch wenn es nicht an bestimmte Positionen gebunden ist. Alle seine Werke beziehen sich auf die Verteidigung des sozialen Menschen, auf eine Hoffnung auf ein Zusammenleben, das die vielen individualistischen Verrätereien am Gemeinwohl ablehnt. Diese Spannung zeigt sich in den zahlreichen Werken, die seinem geliebten, unglücklichen Italien, Europa als für ihn unverzichtbarem Zivilisationshorizont, Karten, Flaggen und dem vieldiskutierten Thema der Schiffsunglücke im Mittelmeer gewidmet sind.
Doch bei näherer Betrachtung ist diese Spannung immer präsent, auch in scheinbar schwer fassbaren Werken wie dieser experimentellen Zeichnungsserie.
Hier wird die Menschheit auf die Knochen reduziert, wie in Becketts Stücken: Es gibt keine Sprache, keine Bestätigung, aber dennoch manifestiert sich ein strenger Wille zum Leben, ein intermittierendes Diagramm der Präsenz, ein Beckett'sches Bedürfnis zu sagen, ohne dass etwas gesagt wird: als ethische Pflicht.
Der zweite Kontinuitätsfaktor ist subtiler und nicht leicht zu erklären, aber ich sehe ihn und möchte versuchen, ihn zu erklären. Es geht um seine Beziehung zur „Form".

Wenn wir sein breites Repertoire an kritischen Schriften durchgehen, fällt auf, dass Chiodo stets den formalen Aspekt der von ihm behandelten Werke in den Mittelpunkt stellt. Er lehnt die akzentuierten Formalismen des 18. und 19. Jahrhunderts keineswegs ab, ja sogar in den letzten Jahrzehnten, die so reich an abenteuerlichen künstlerischen Ausdrucksformen aller Art waren, tendiert er dazu, Künstler zu bevorzugen, die auf formale Kohärenz achten, mehr als ich es zum Beispiel tue, da ich viel mehr „Barricadero" bin (also, mehr auf Distanz gehe) als er.

Gleichzeitig ist für ihn als Künstler die Form jedoch nie ein Vorbild, ein apriorisches Bedürfnis, eine Pflicht. Sie erscheint eher als *Bedenken*, als *Horizont*. Tatsächlich muss sie gegensätzliche innere Bedürfnisse zusammenhalten: Ein Durst nach Wesentlichkeit à la Malewitsch geht einher mit dem Ehrgeiz, das Besondere, das Vergängliche, das Menschliche-

Allzumenschliche, den langen Katalog planetarischer Missetaten zu erfassen. Der glückliche Titel einer der berühmtesten Ausstellungen des 20. Jahrhunderts, die in den letzten Jahren auch Gegenstand eines erfolgreichen *reenactment* war, „When attitudes become form" von Harald Szeemann, könnte auf Chiodo zutreffen. In dem Sinne, dass die Form in ihm die Gestalt eines *inneren* strukturellen Zusammenhangs annimmt, sich also ausschließlich auf das Feld bezieht, in dem er gerade tätig ist. Aus diesem Grund liebt Chiodo es, seine Werke in voneinander entfernten, aber streng organisierten Reihen zu entwickeln, wie *Variationen* eines musikalischen Themas (es ist kaum nötig, seine Tätigkeit auch im musikalischen Bereich als Komponist zu erwähnen). Die Themen sind unterschiedlich, sie hängen von der Inspiration, dem politischen Moment, der persönlichen Situation ab, aber die Methode, mit der sie entwickelt werden, scheint mir konstant: Nur der Komplex möglicher Variationen kann die unendlichen Möglichkeiten der Artikulation des Themas ausschöpfen.

Sein Hang zur Empörung brachte ihn oft zum Überlaufen. Er, so hungrig nach Neuigkeiten, nach Wissen, nach Bildern, nach Erfahrungen, so geneigt, mehrere Aktivitäten anzuhäufen, Dinge und Symbole zu verdichten. Manchmal gibt es in seinen Werken vielleicht zu viel Großzügigkeit, was auf zu viel Eingebung zurückzuführen ist. Seine Skulpturen beispielsweise vereinen oft grausamen Realismus und unwahrscheinliche Farben und bieten sich als schreiende Zeugnisse an.

Diese Zeichnungsserie gehört zum ebenso präsenten Gegenpol der Suche nach dem Wesentlichen. Nur Tusche und Papier, aber es ist ein potenziell unendliches Ausdrucksuniversum.

Ausgehend von einem minimalen Ausdruckskern entwickeln die Werke insgesamt eine komprimierte vulkanische Intensität. In diesem Fall haben wir „astratti furori" (abstrakte Begeisterungen, abstrakte Feuer) wie der Protagonist von Elio Vittorinis *Gespräch in Sizilien* (1948). Die instinktive gestische Komponente, genau wie bei Künstlern wie Mathieu und Hartung, wird in pure Energie umgesetzt. Manchmal breitet es sich aus, besetzt das Papier, erschreckt und lockt in seiner Fülle. Manchmal hält es sich zurück, rhythmisch, intermittierend, pulsierend, aber es fühlt sich immer noch an, als würde schwarzes Blut tropfen. Die Verwendung des Lineals lässt einen an Diagramme denken, an Messungen fieberhafter Zustände, an mysteriöse, unübersetzbare mechanische Codes.

Die bereits beschriebene Erzähldimension ohne Gegenstand, ohne die „Möglichkeit" einer Geschichte, hat technologische Untertöne:
eine „Innenraum"-Science-Fiction, fast eine Reise in menschliche und elektronische Gehirne.

Es ist verlockend, Bilder in diesen Energieströmen zu sehen, aber ich persönlich glaube, dass jeder Rorschach-Test enttäuschende Ergebnisse liefern würde. Interessanter, aber sehr schwierig ist es, darin „Zitate" zu erkennen, also Spuren der umfangreichen figurativen Kultur des Autors, die eher unbewusst als bewusst zum Vorschein kommen. Er selbst verriet mir, dass die Grundlage der Konzeption von der Zeichnung *Zyklus 376* (Abb. 1) eine Skulptur von Sean Scully ist. Ohne seine Hilfe ist es natürlich schwierig, objektiv etwas zu finden. Aber man kann mit den „eigenen" Erinnerungen spielen: Ich habe zum Beispiel Soulages, Miró, Poliakoff gesehen…

Tatsache ist, dass wir, wenn wir einige Zeit mit diesen Bildern verbringen, unendliche Echos wahrnehmen und Metaphantasien aufkommen lassen, die uns dazu bringen, die Realität zu verlassen und in eine andere Welt einzutreten, streng, gespenstisch, aber faszinierend. Es ist die Kraft der Kunst.

Abb. 1: *Ciclo 376*

DIESEGNI / ZEICHNUNGEN

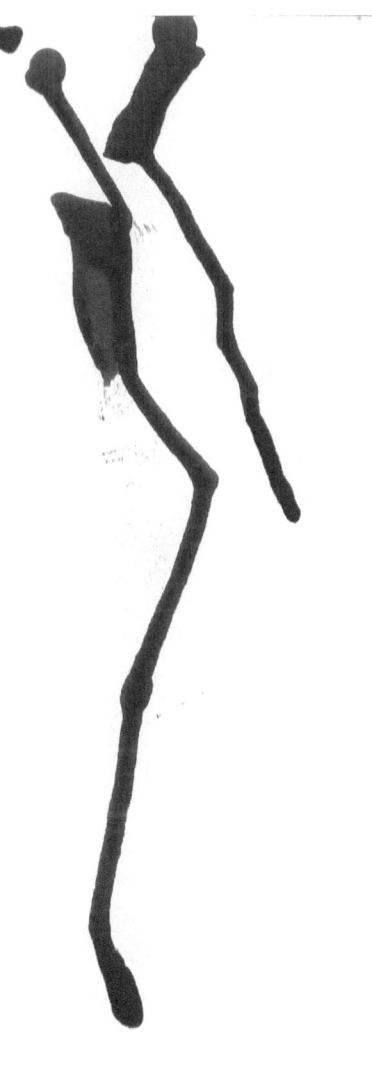

Ciclo 316

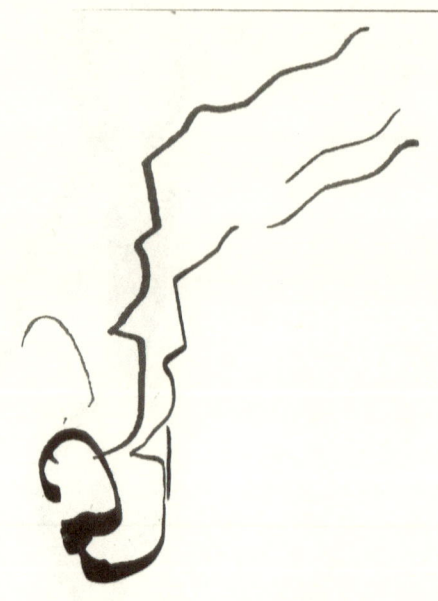

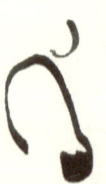

Ciclo 319

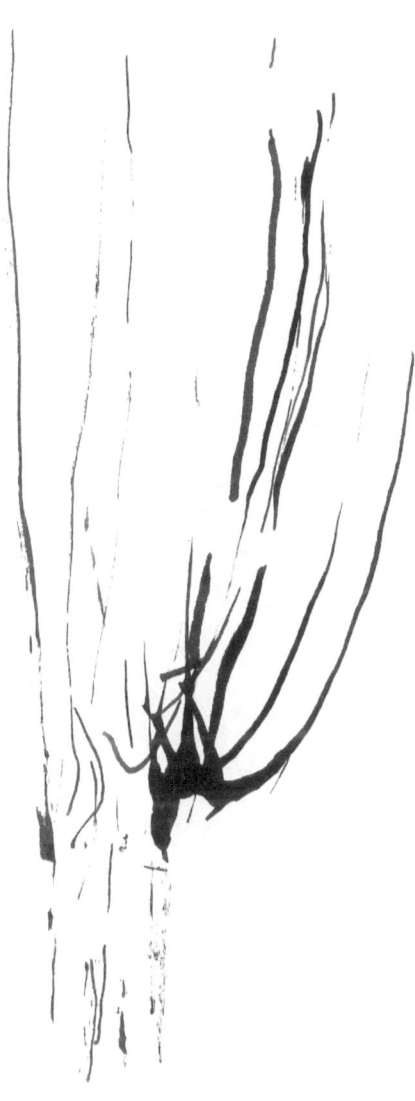

Ciclo 320

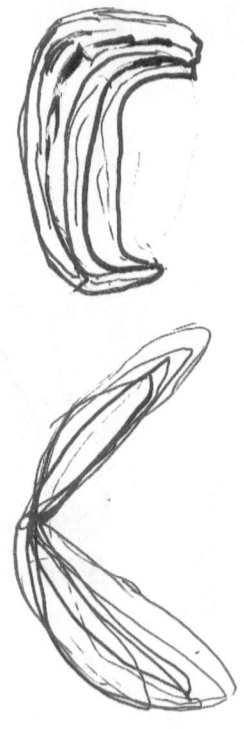

Ciclo 321

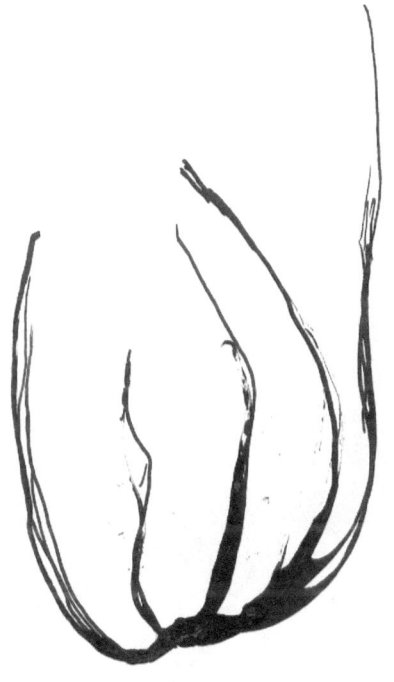

Ciclo 317

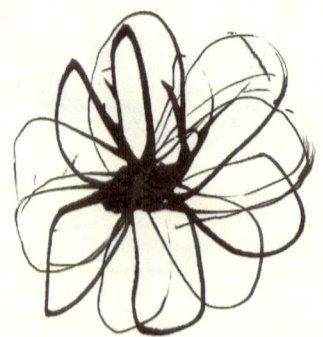

Ciclo 318

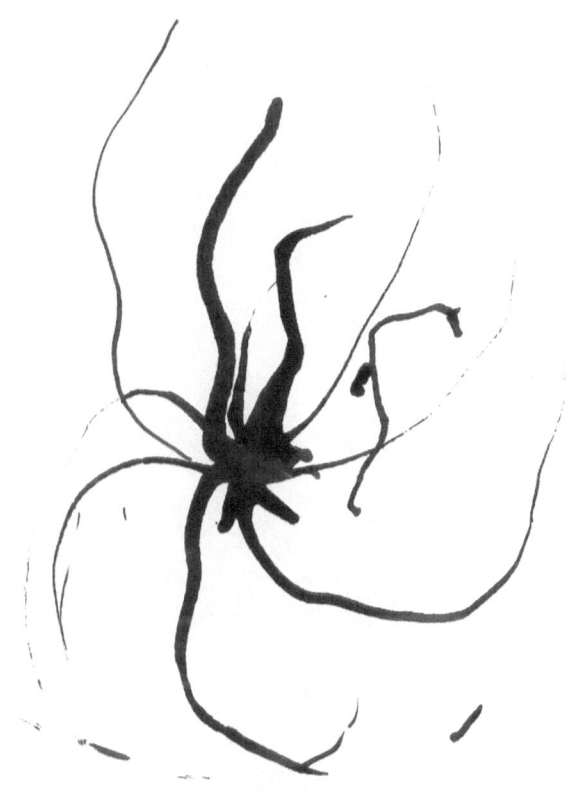

Ciclo 299

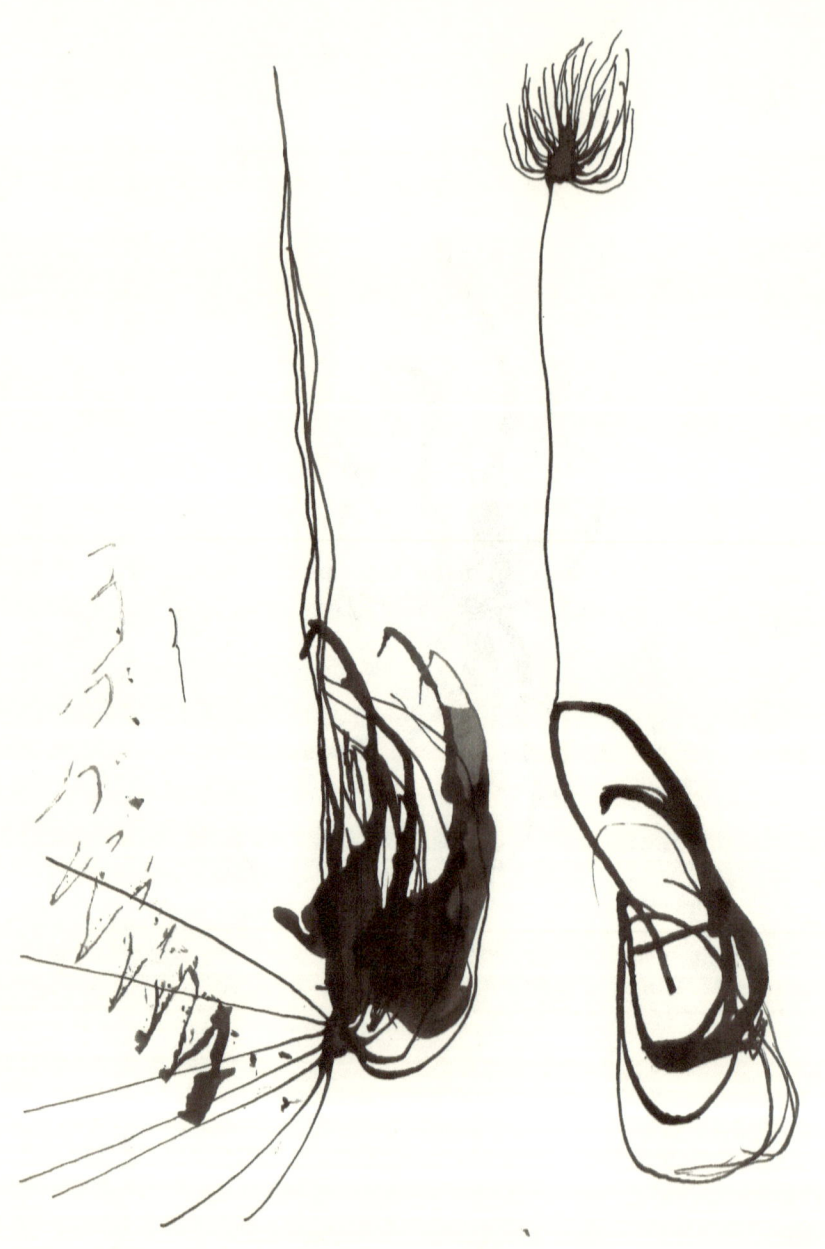

Ciclo 313

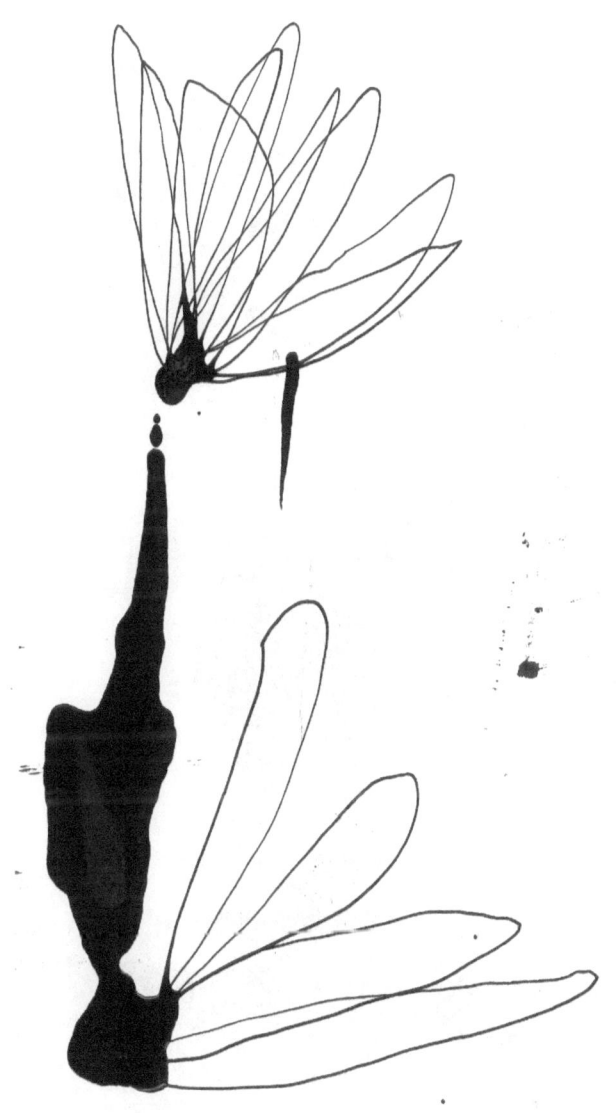

Ciclo 296

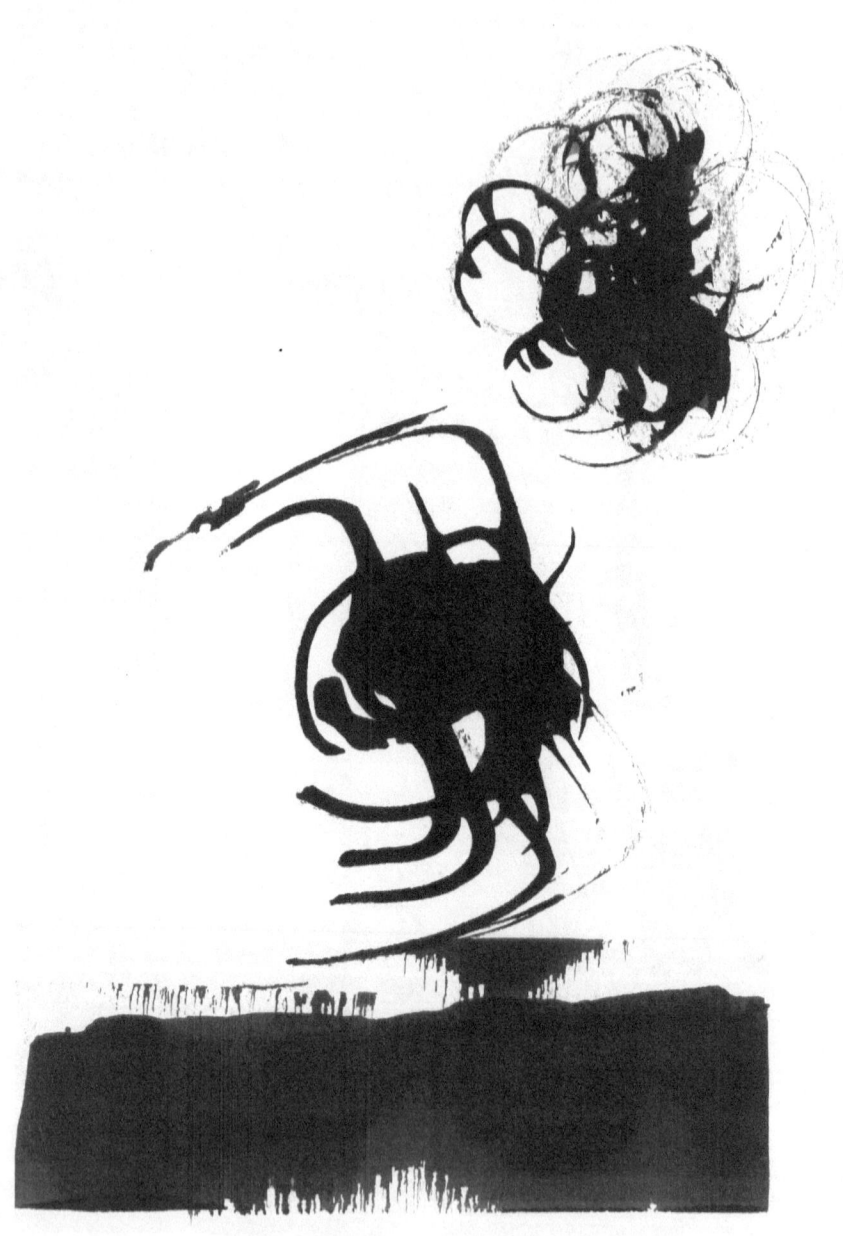

Ciclo 355

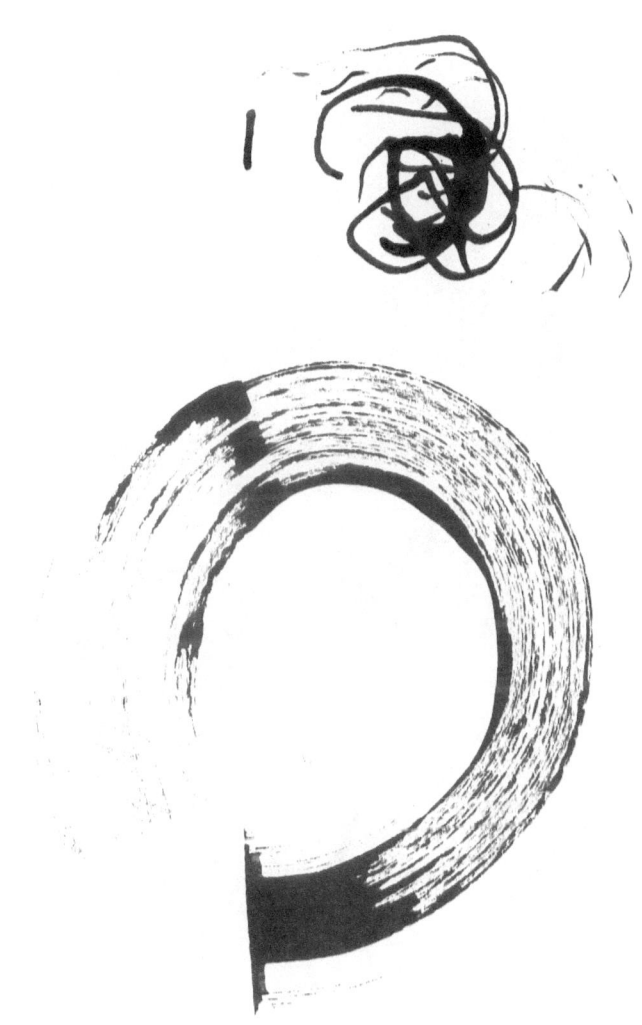

Ciclo 314

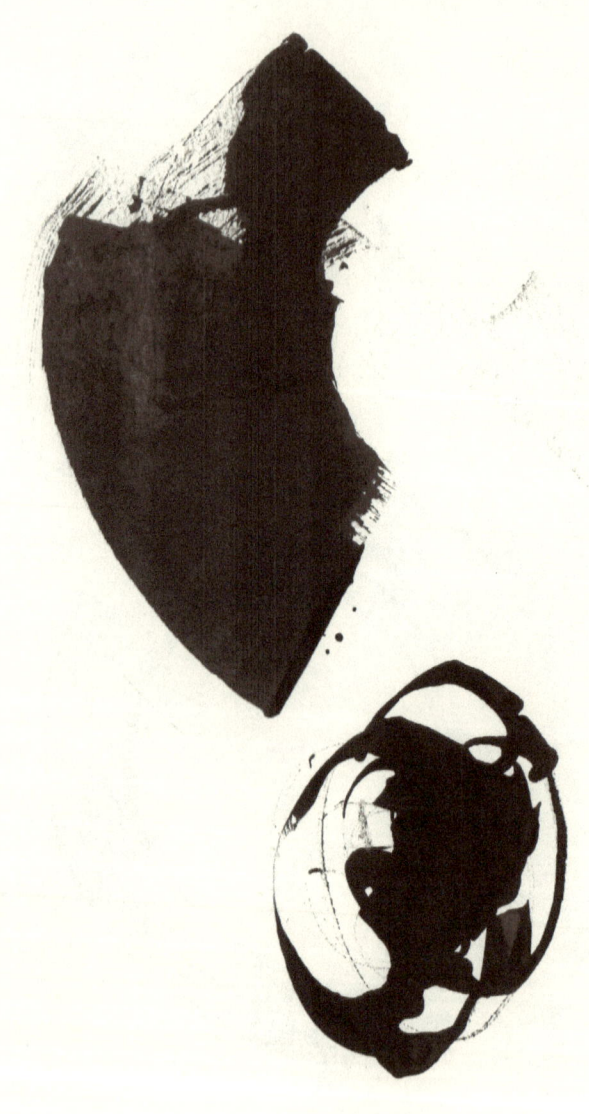

Ciclo 359

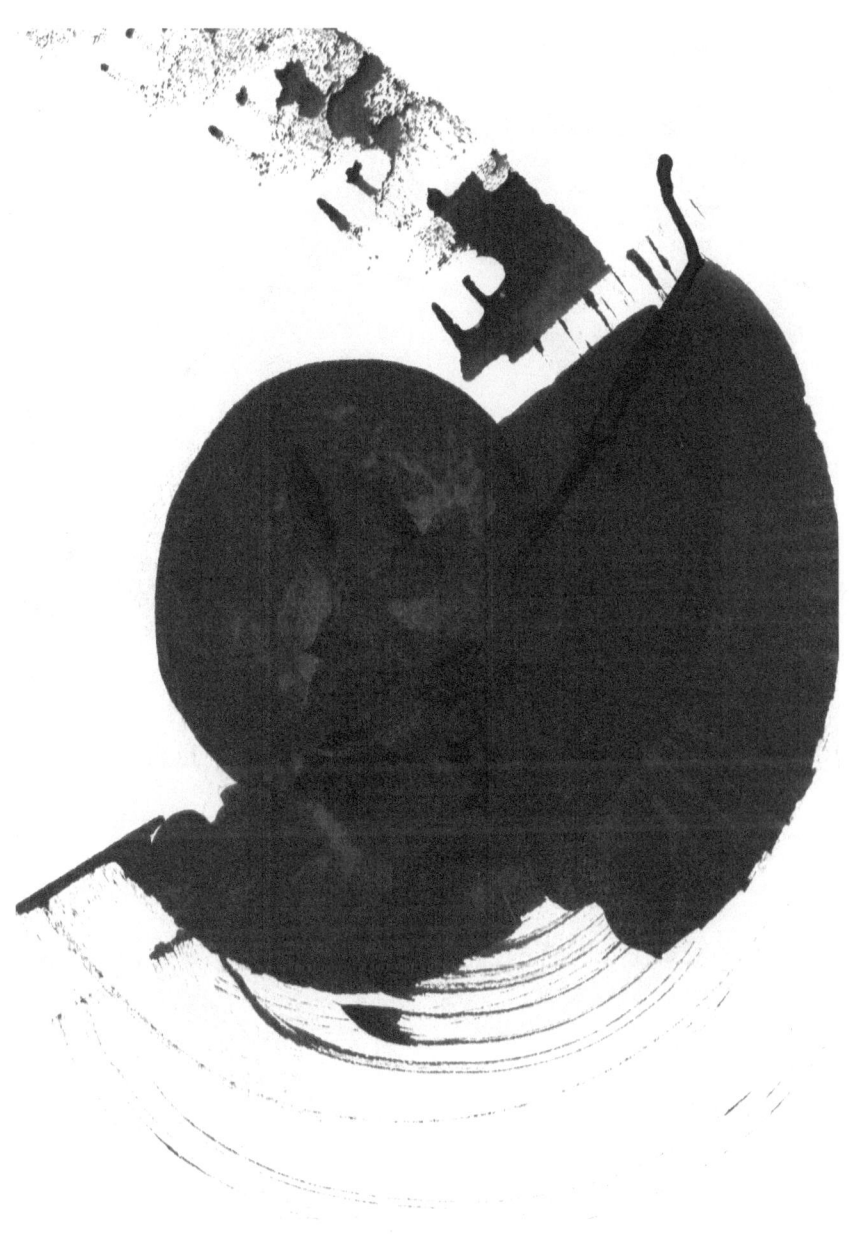

Ciclo 360

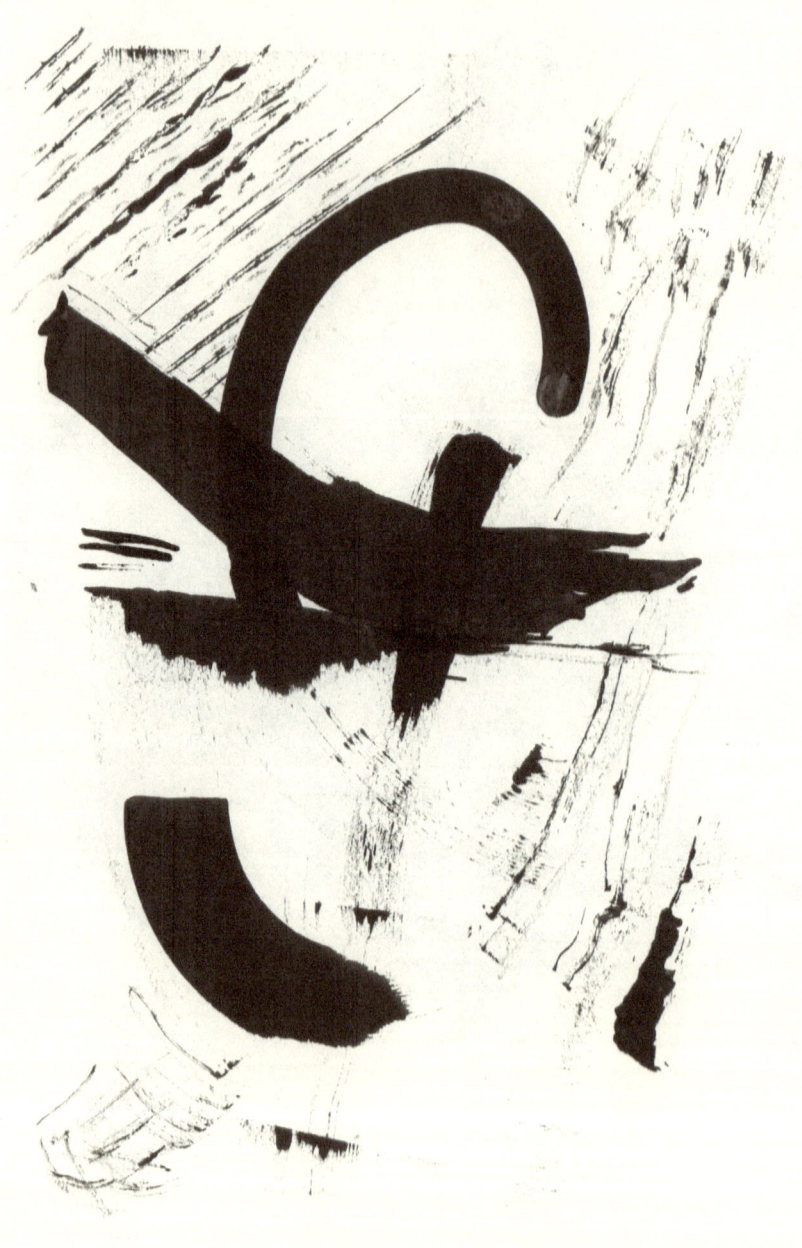

Ciclo 357

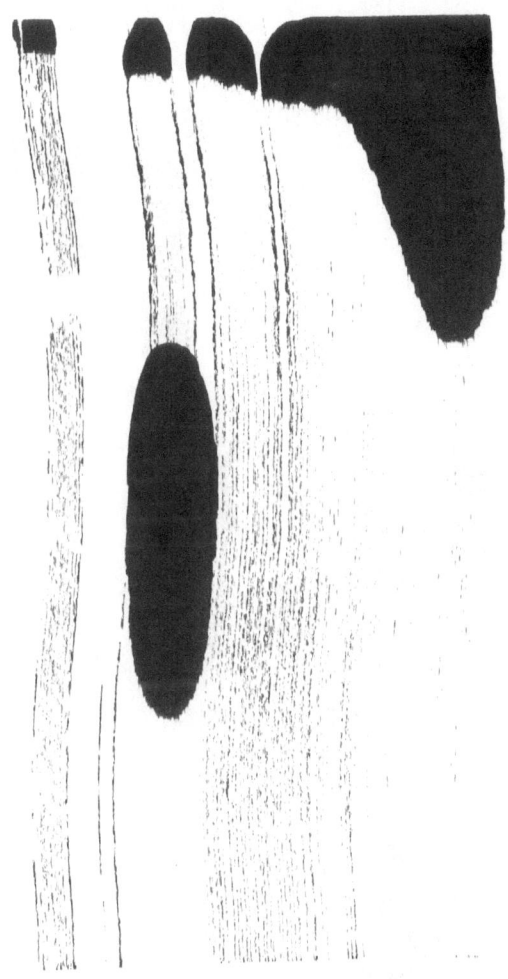

Ciclo 315

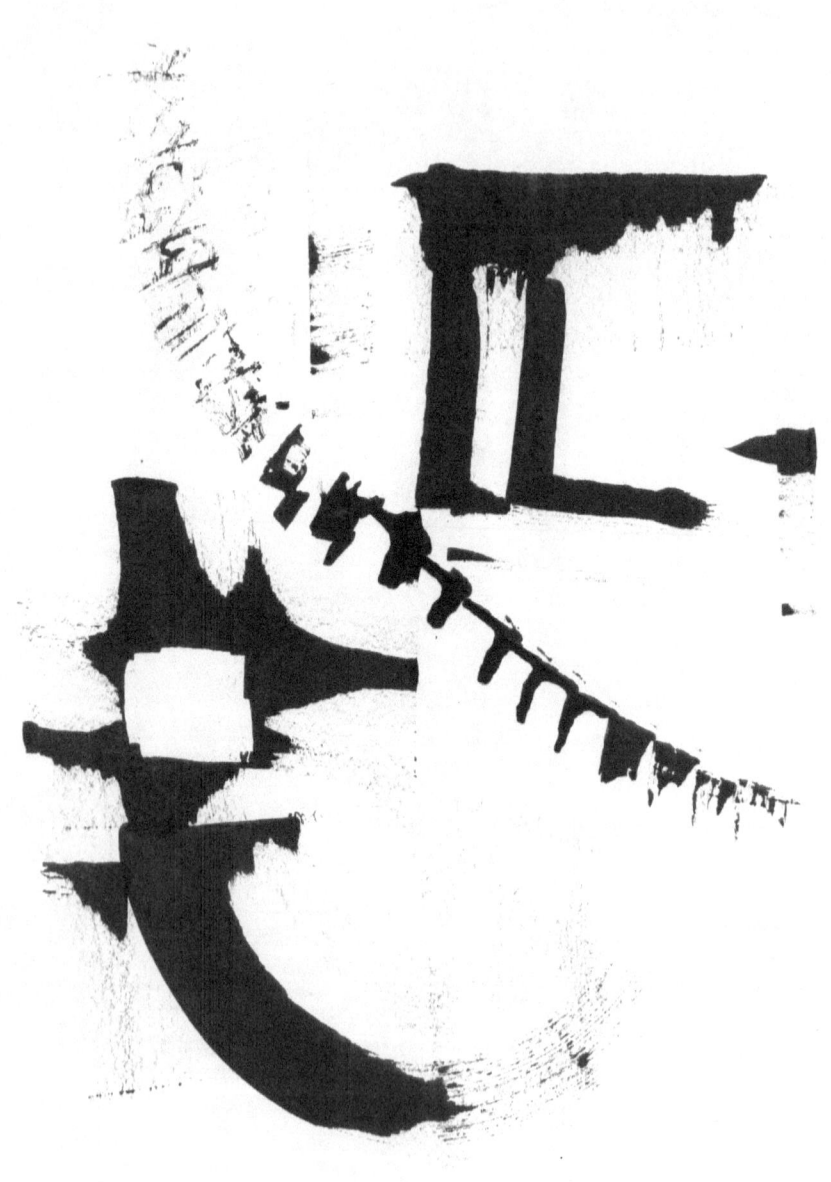

Ciclo 356

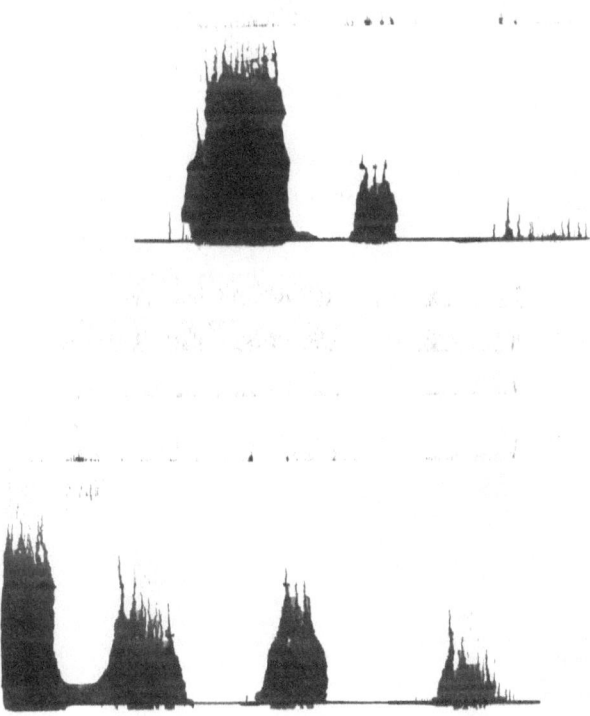

Ciclo 565

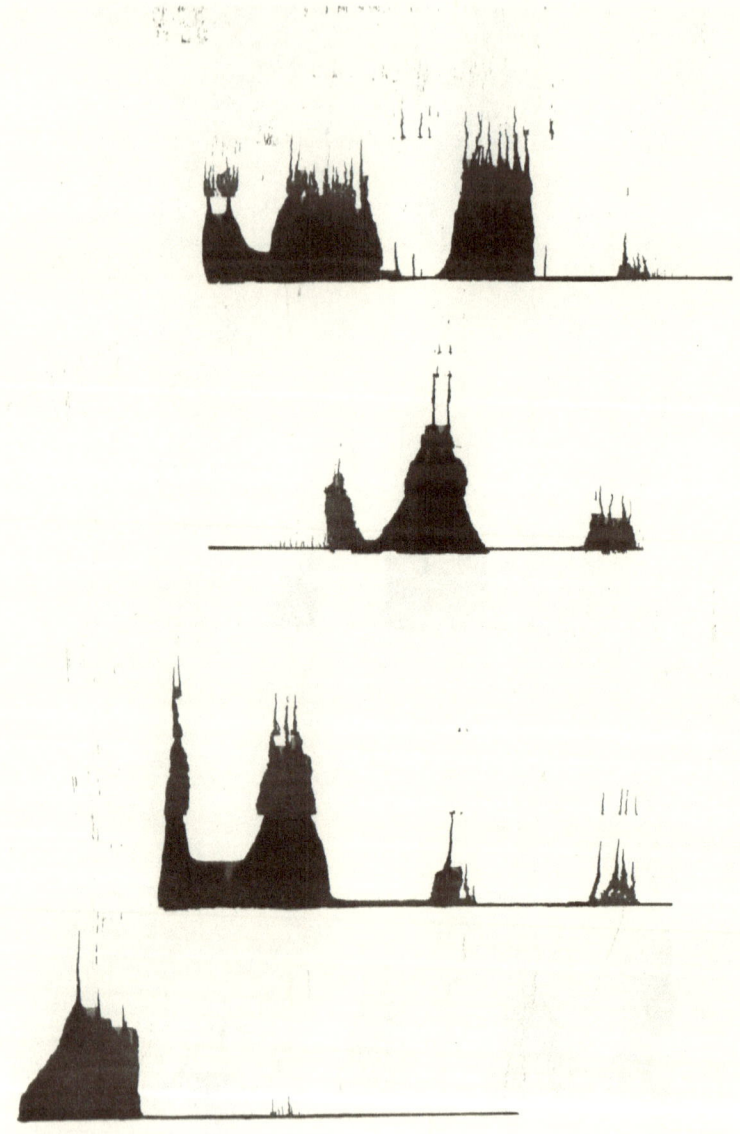

Ciclo 568

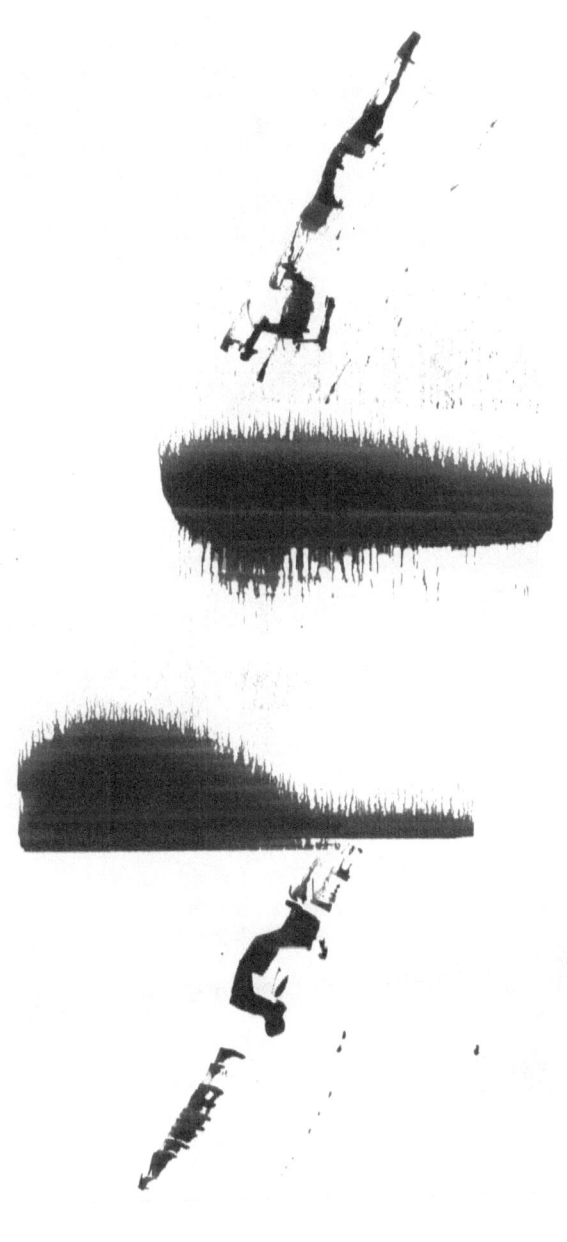

Ciclo 566

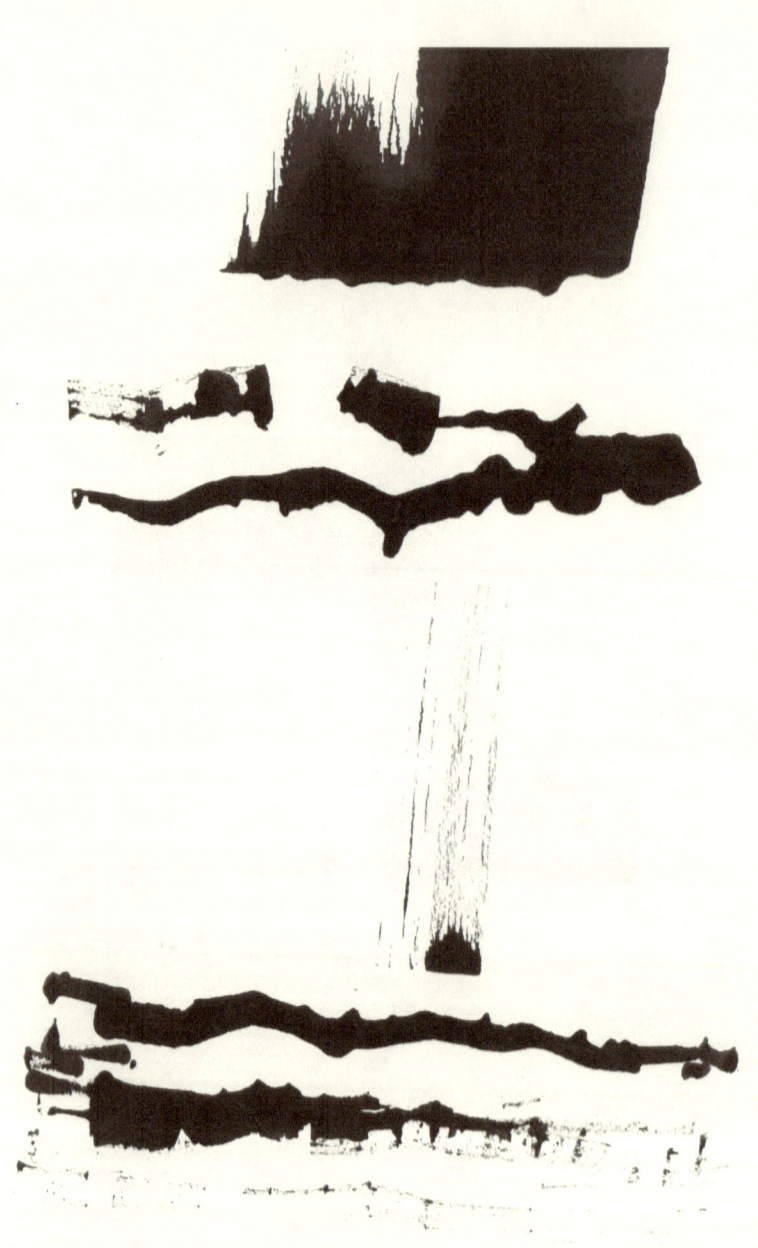

Ciclo 346

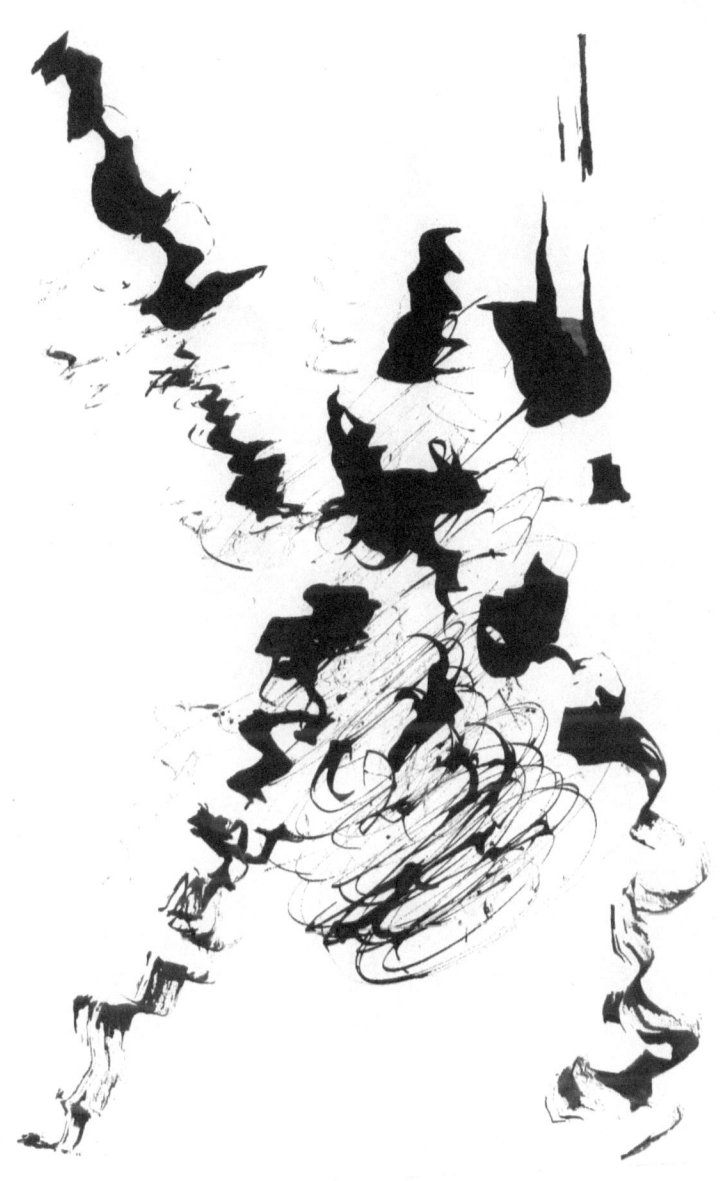

Ciclo 572

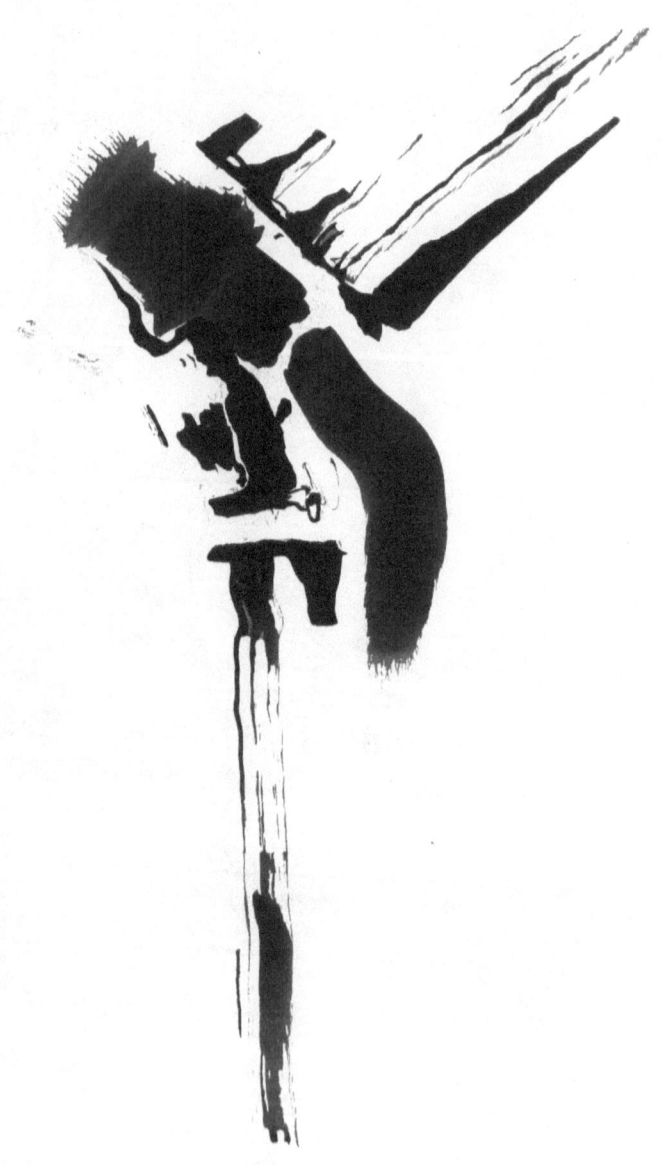

Ciclo 571

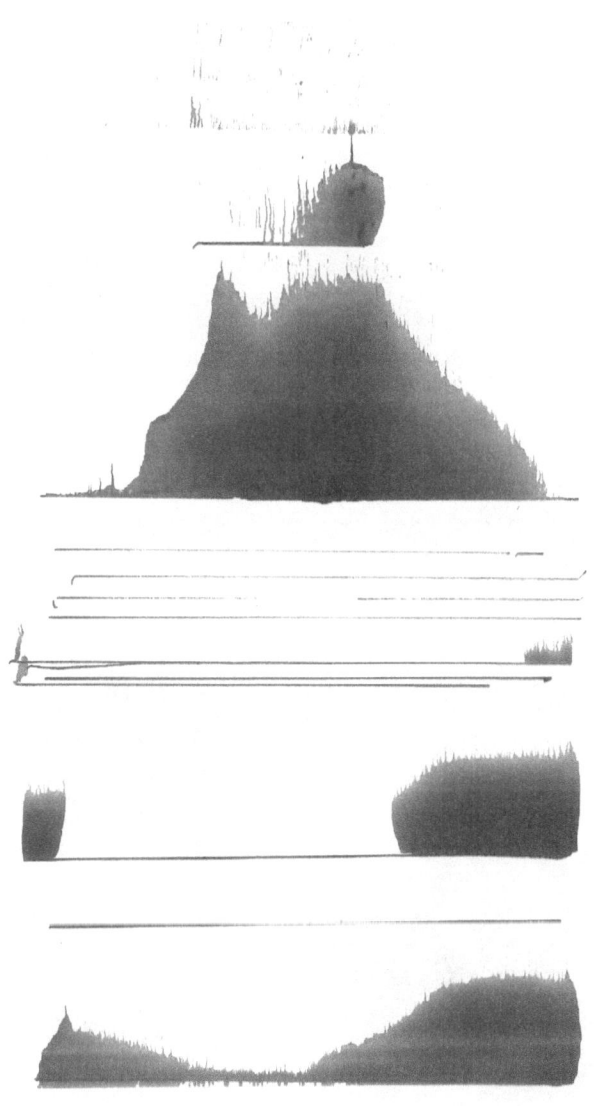

Ciclo 327

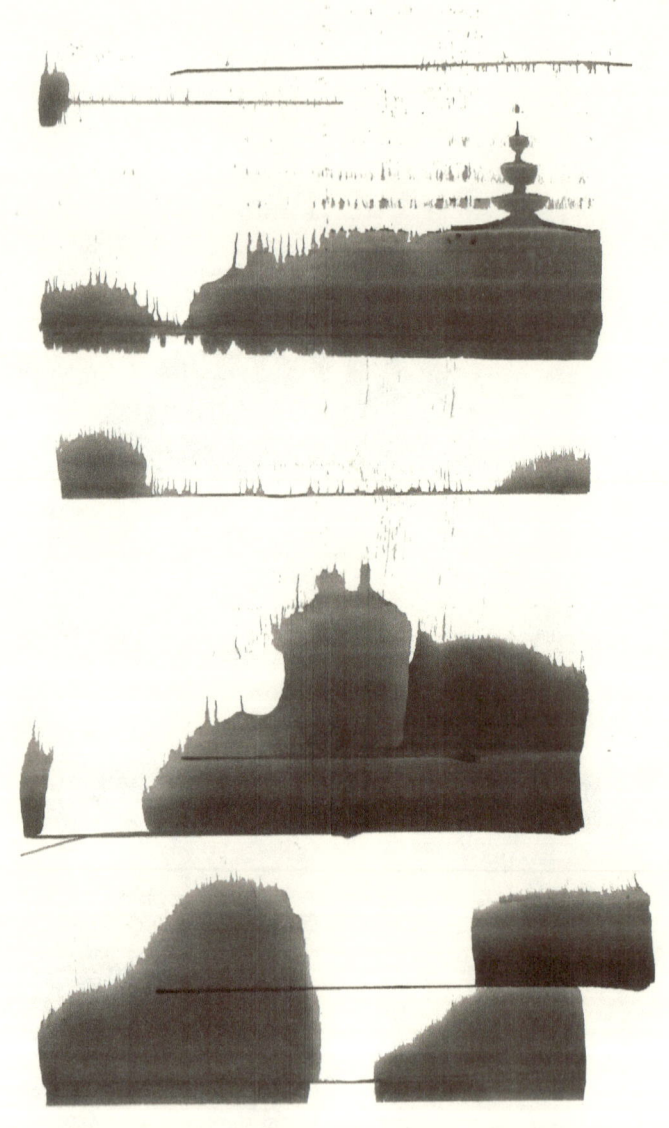

Ciclo 326

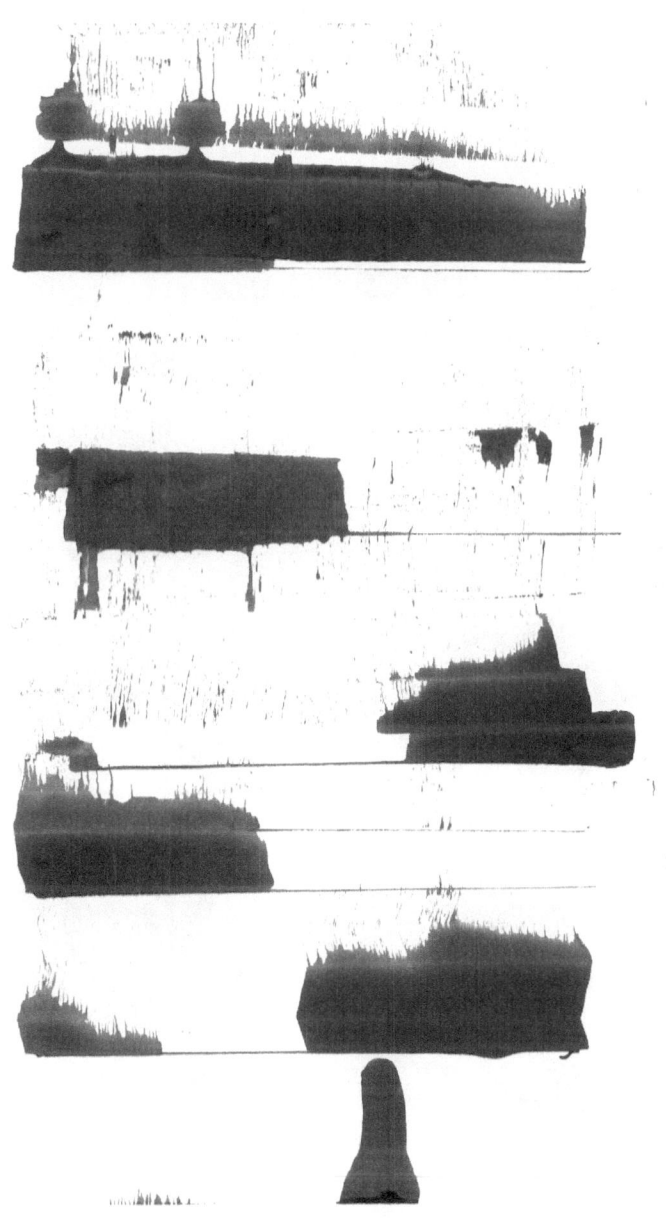

Ciclo 325

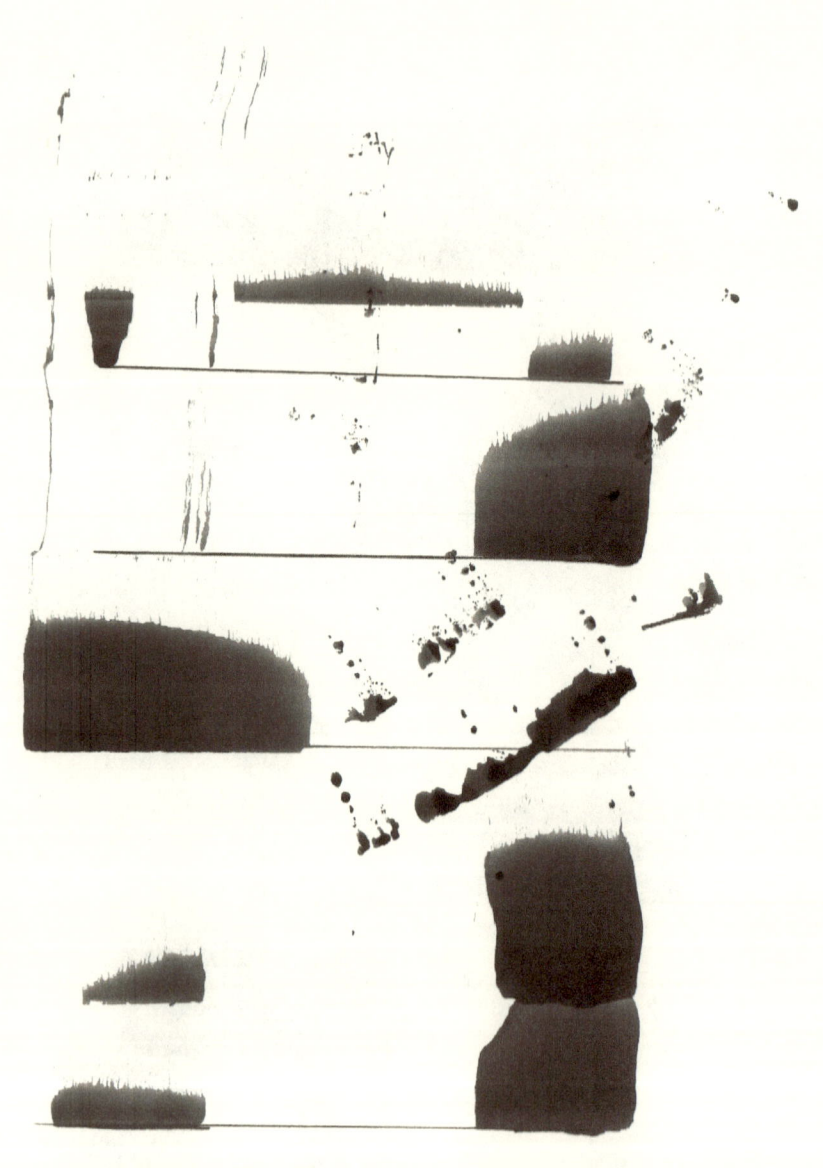

Ciclo 328

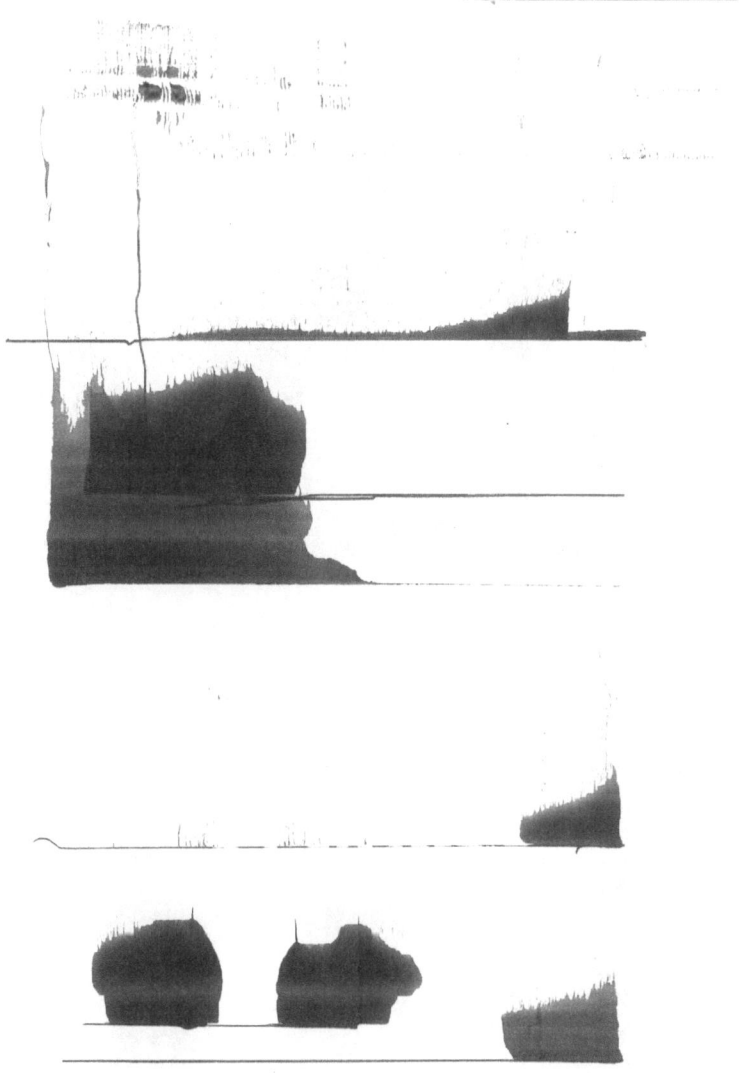

Ciclo 330

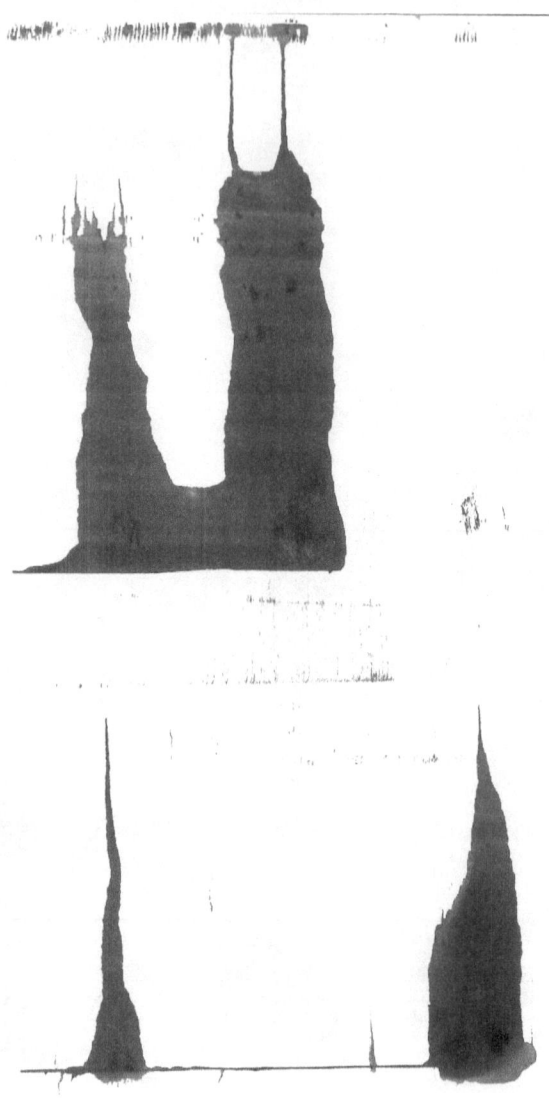

Ciclo 332

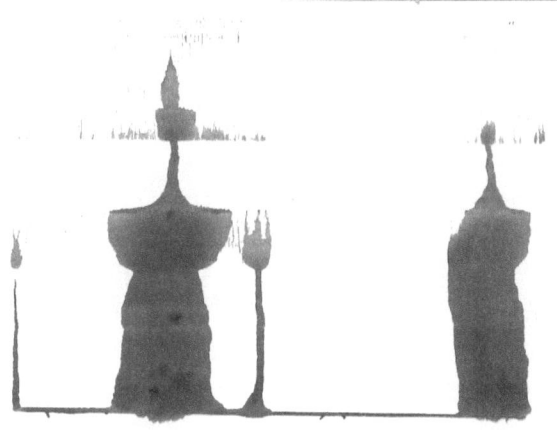

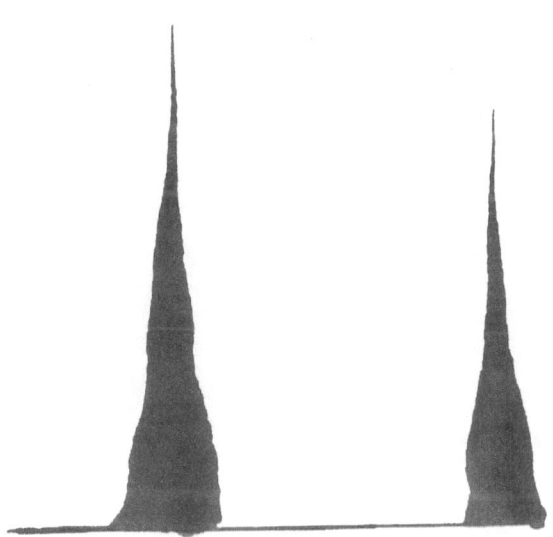

Ciclo 333

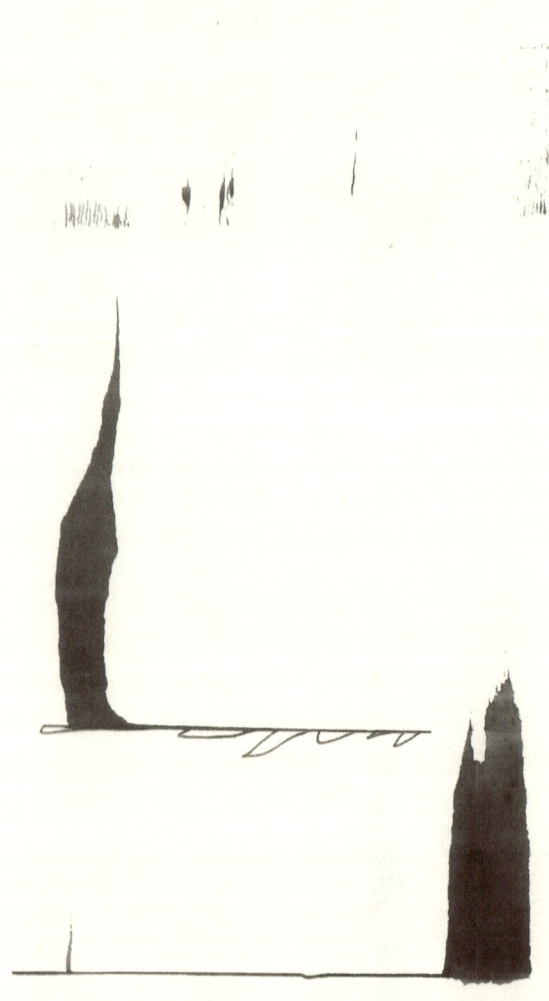

Ciclo 335

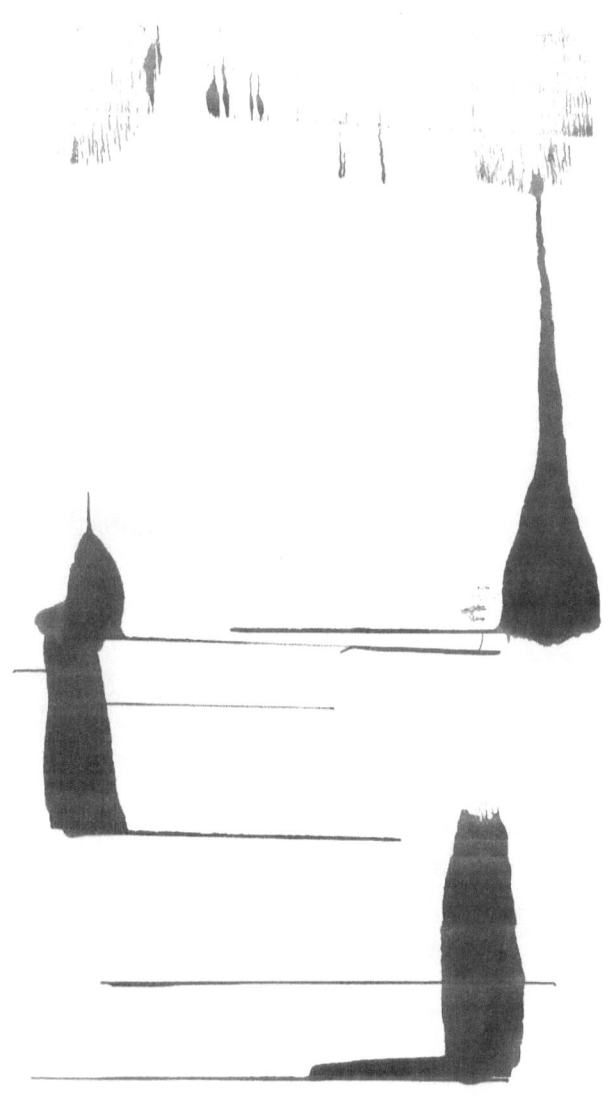

Ciclo 334

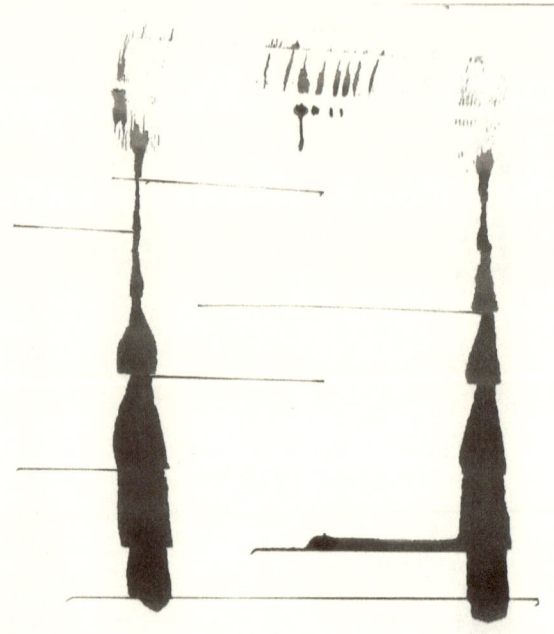
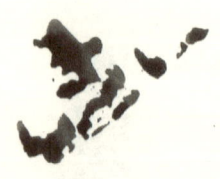

Ciclo 336

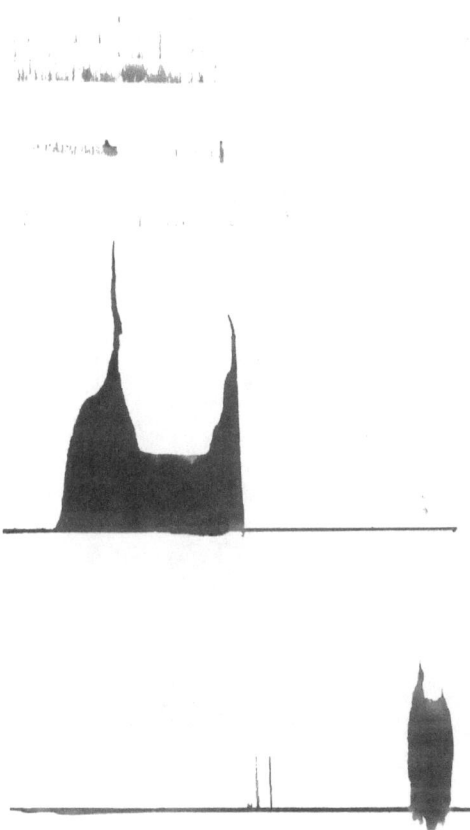

Ciclo 337

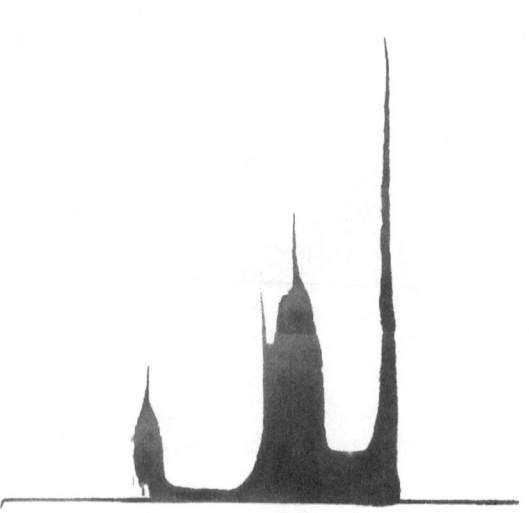
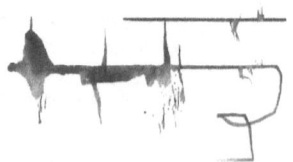

Ciclo 298

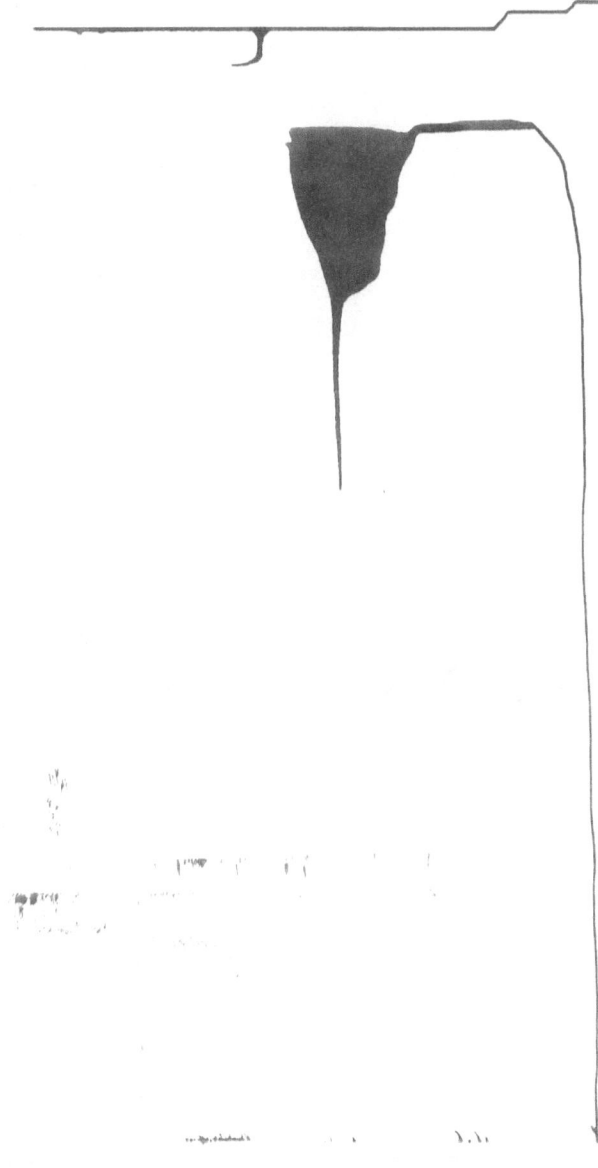

Ciclo 297

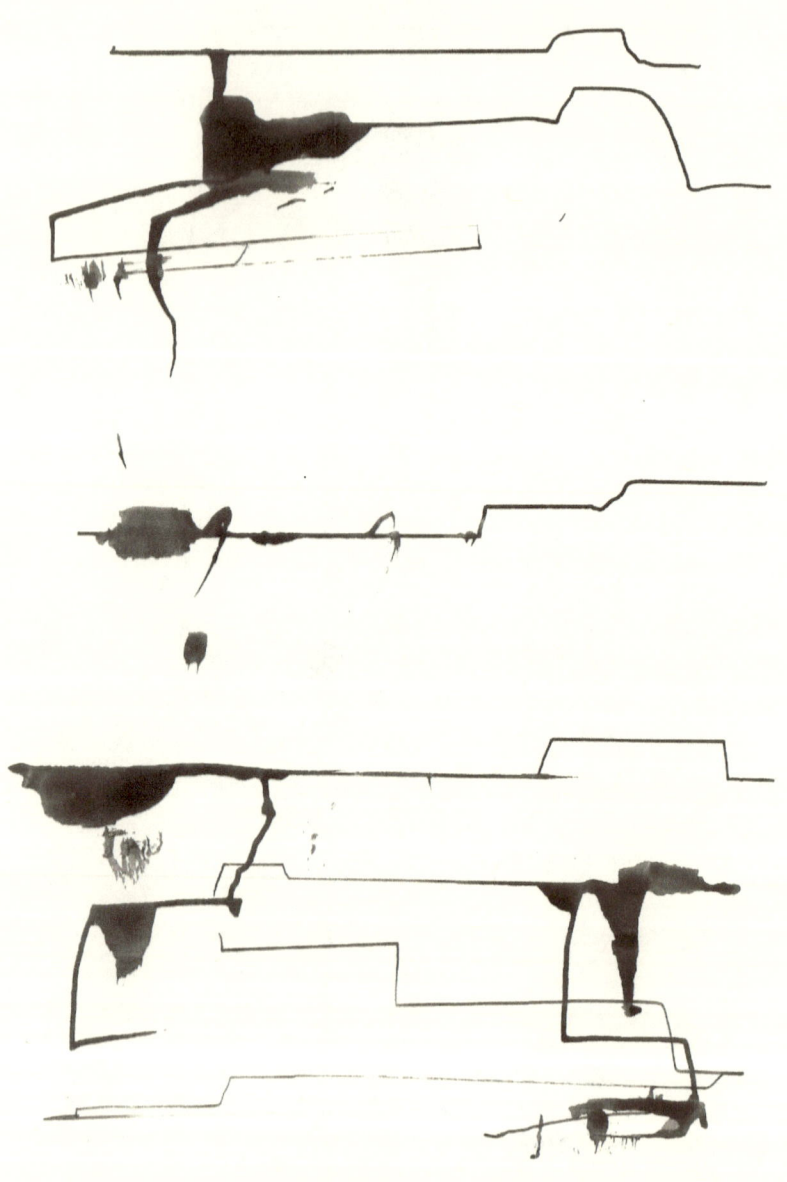

Ciclo 322

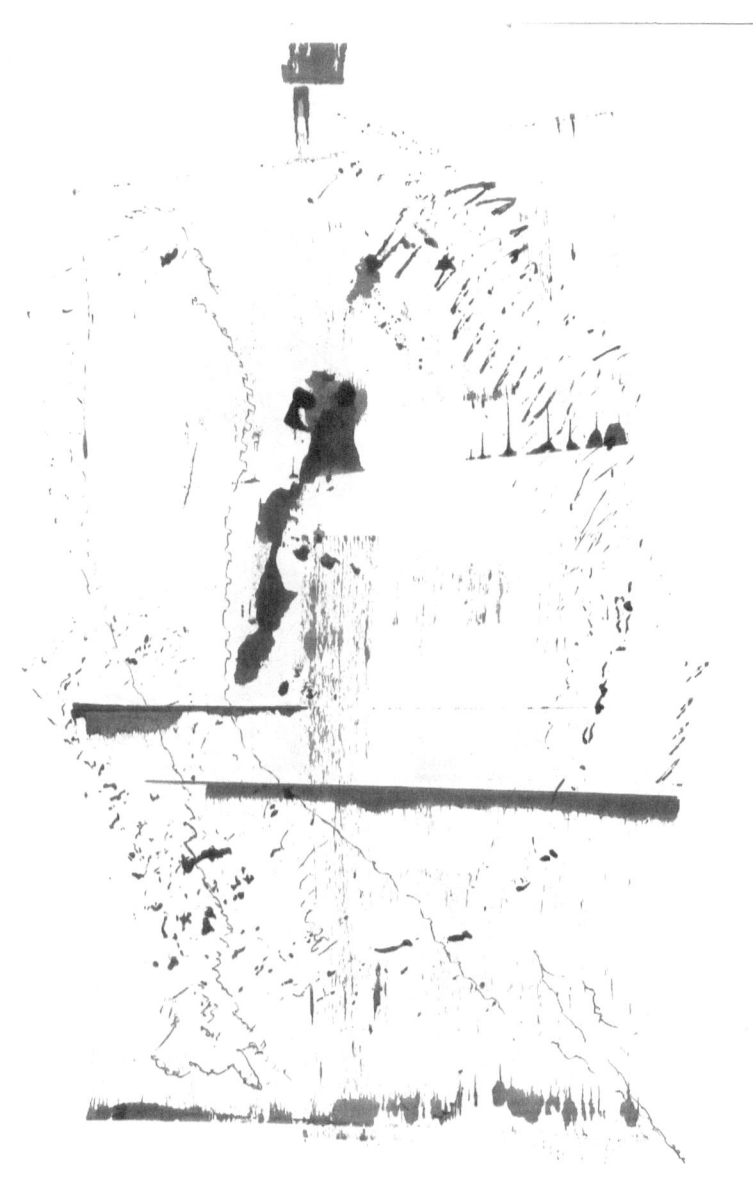

Ciclo 331

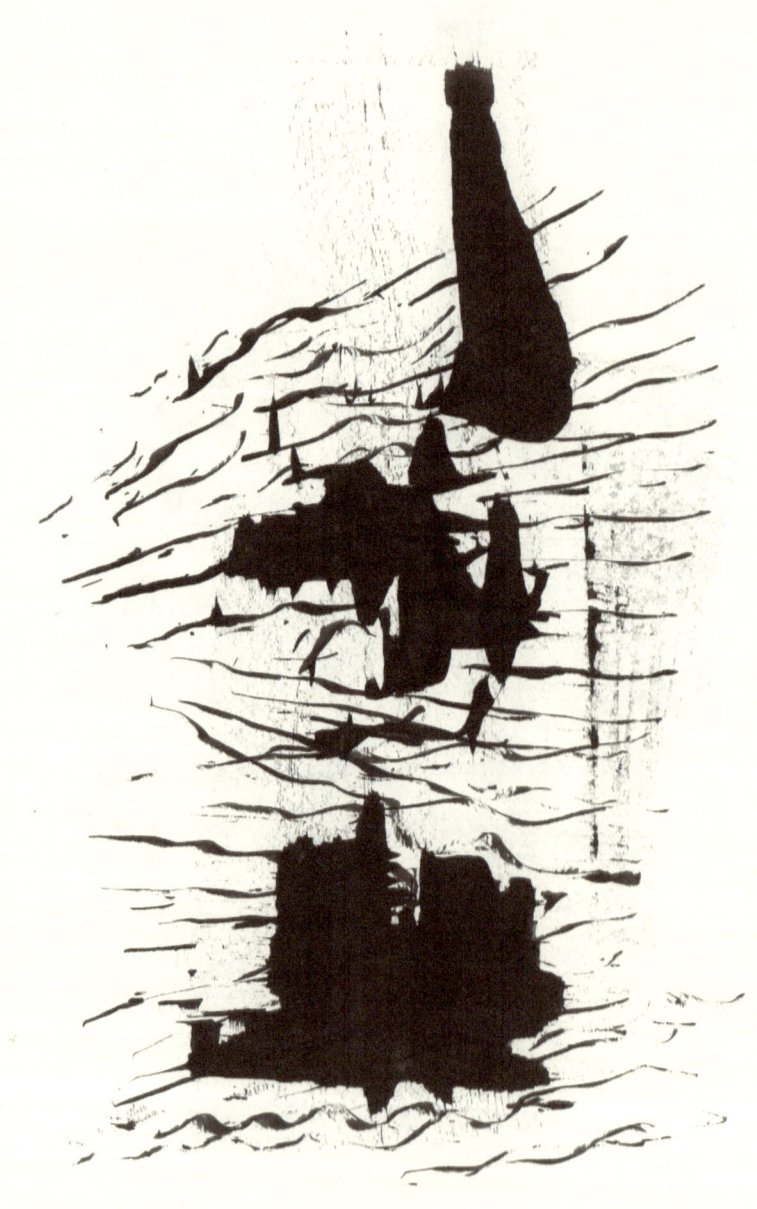

Ciclo 569

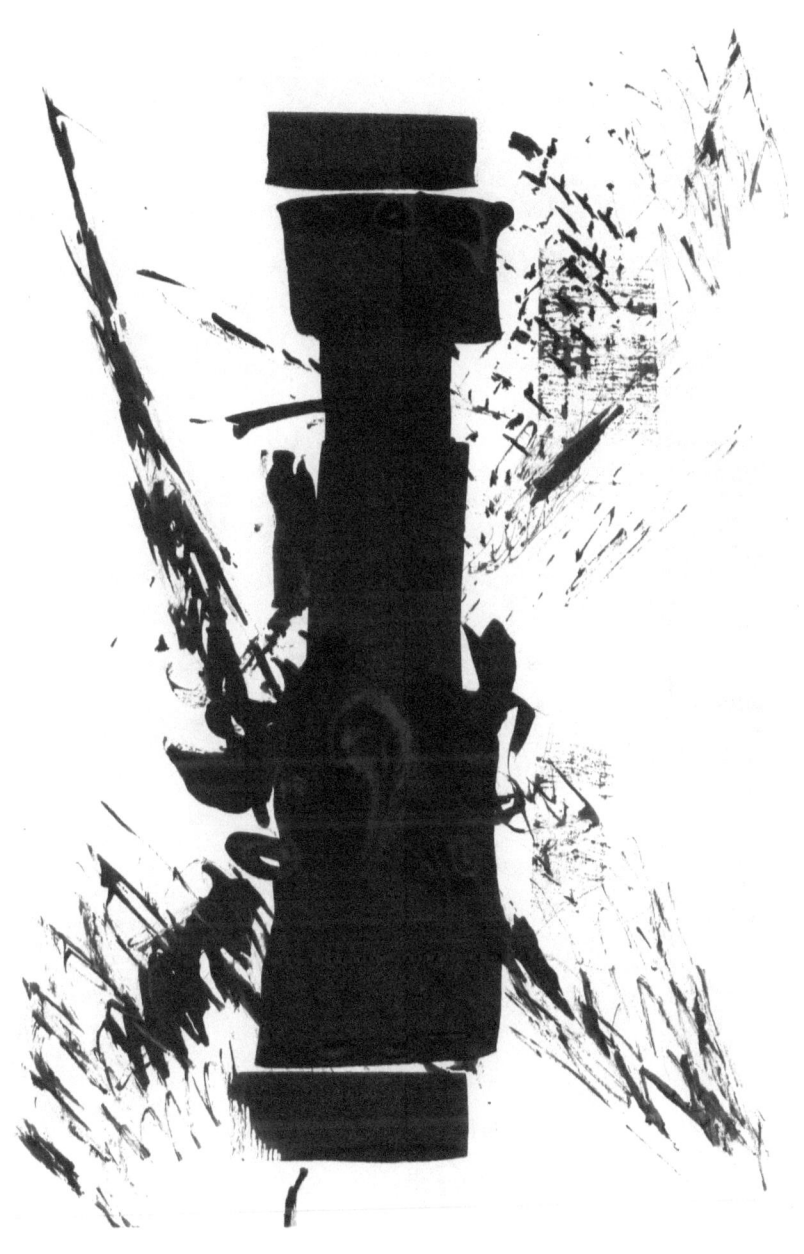

Ciclo 570

Ciclo 353

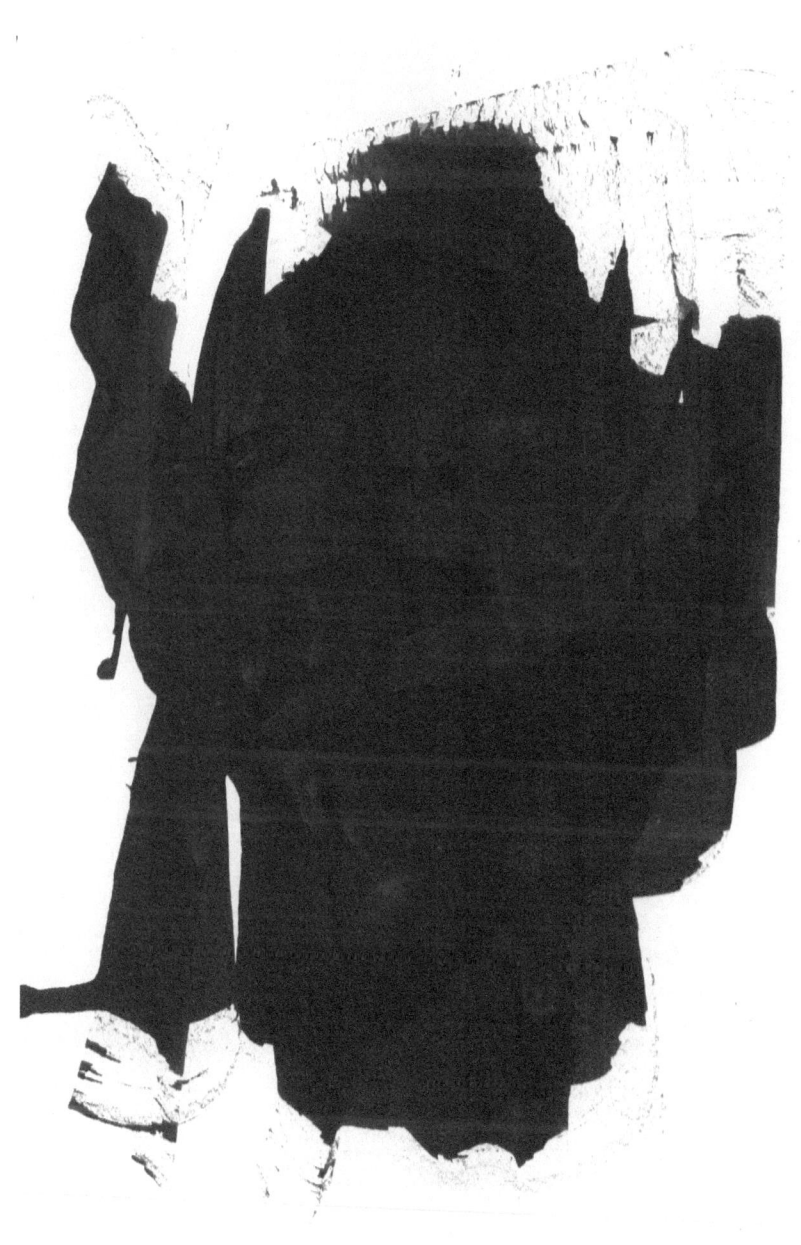

Ciclo 575

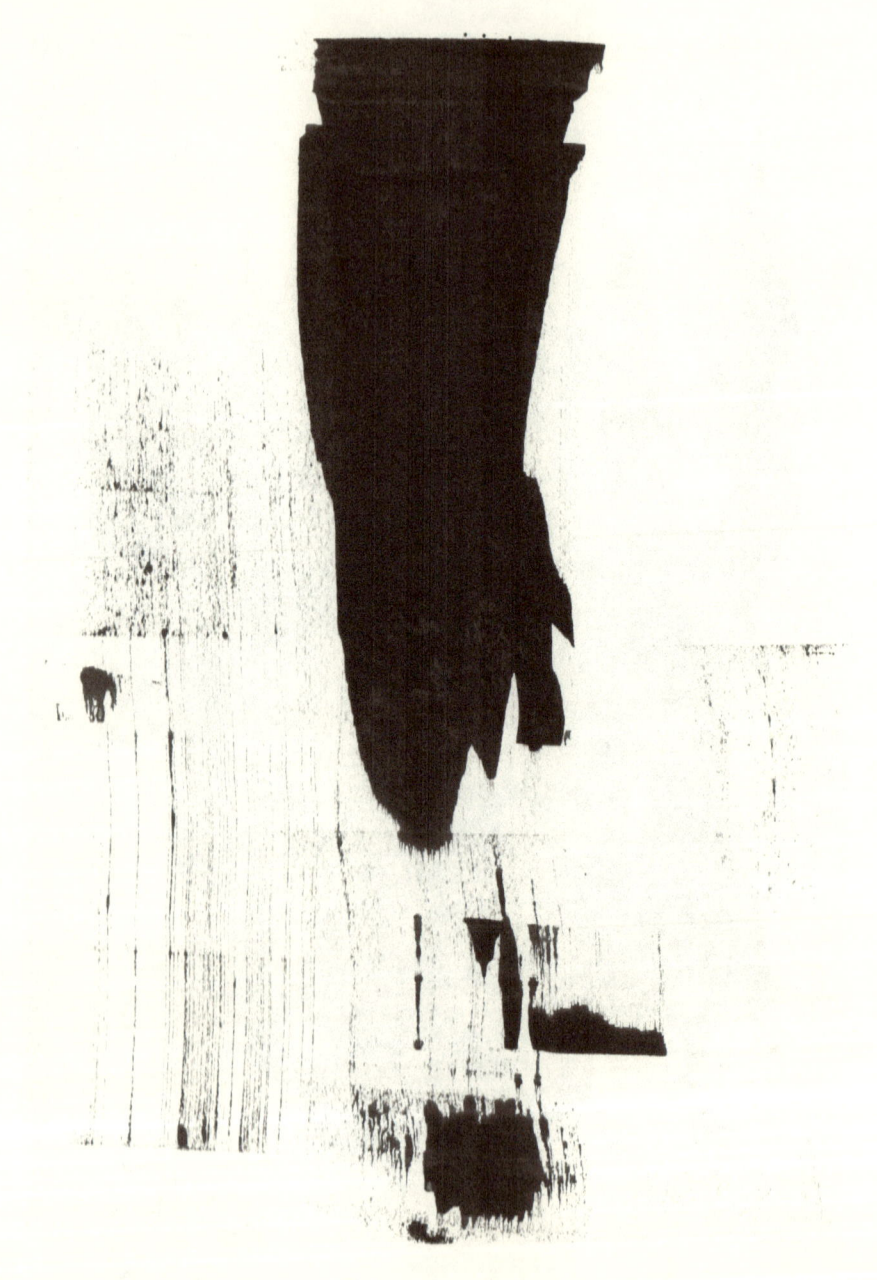

Ciclo 364

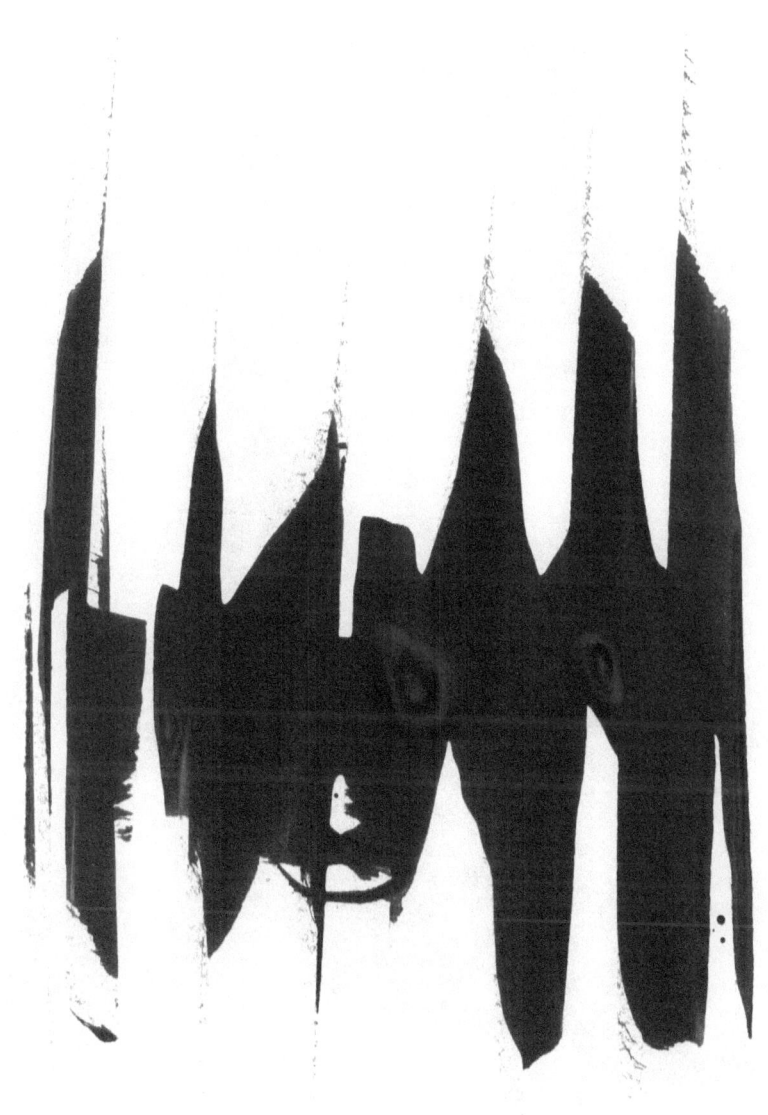

Ciclo 573

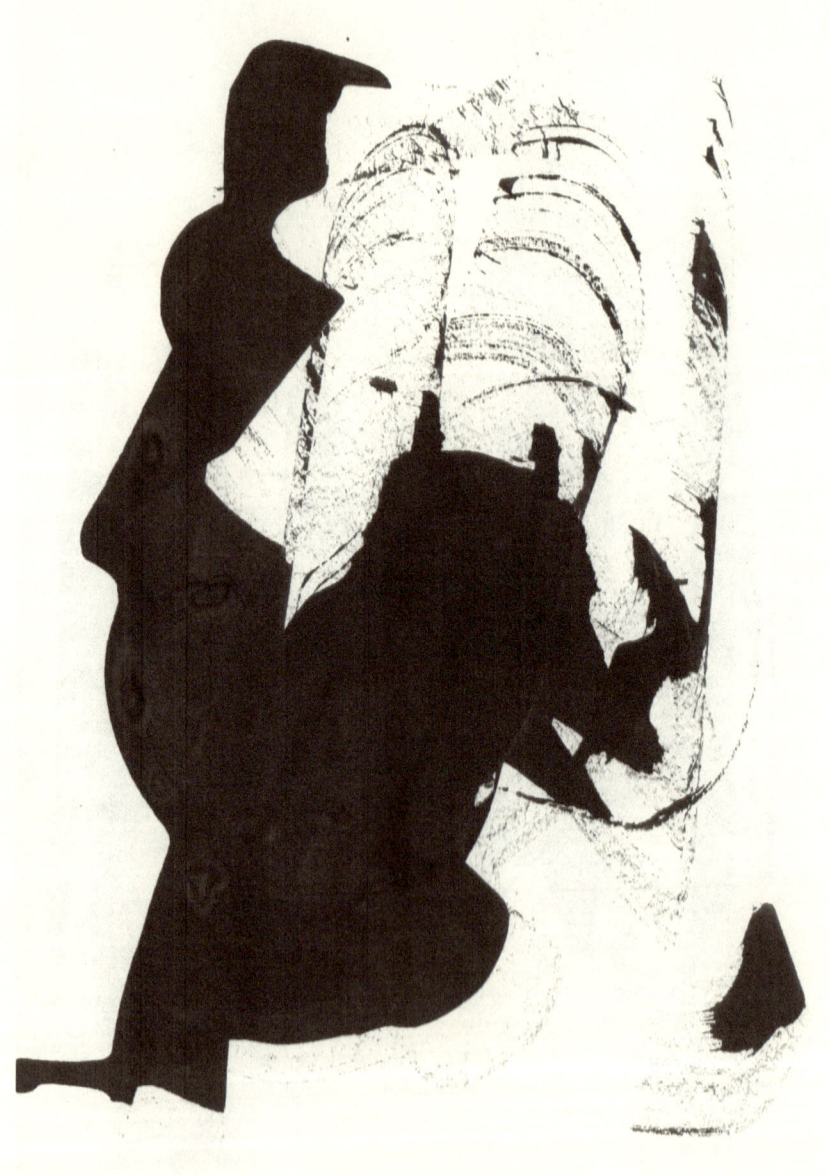

Ciclo 574

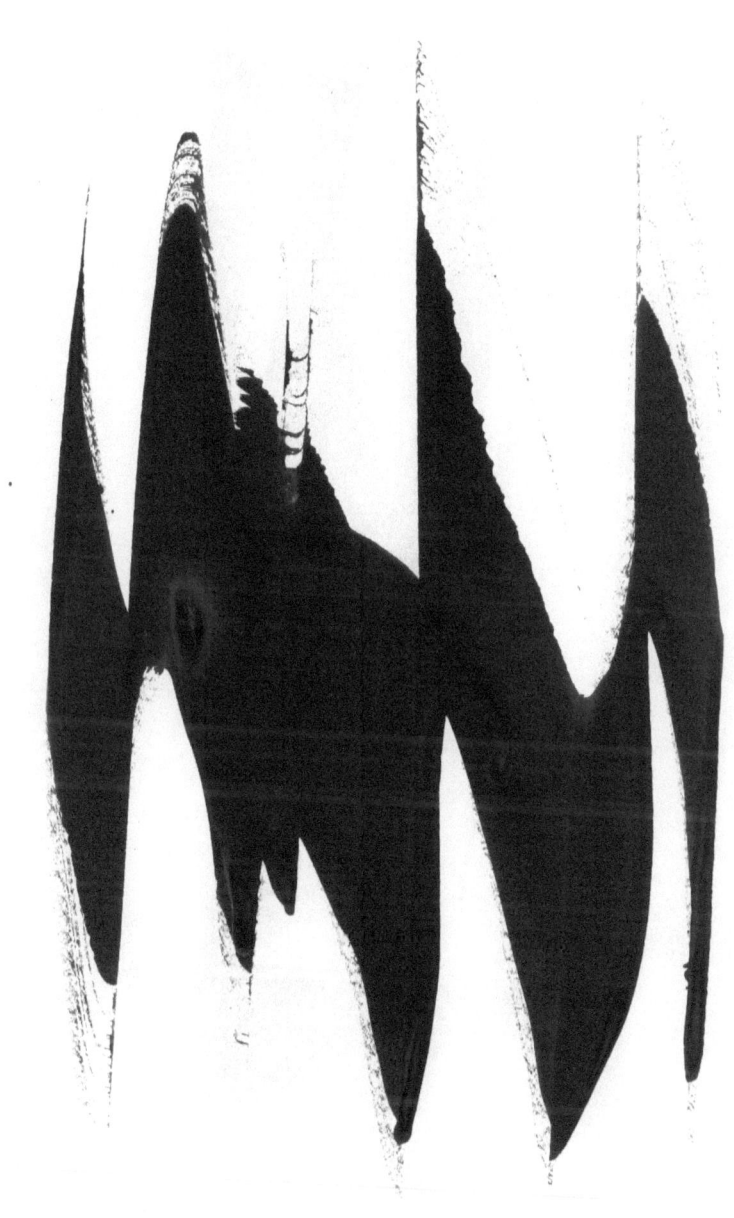

Ciclo 576

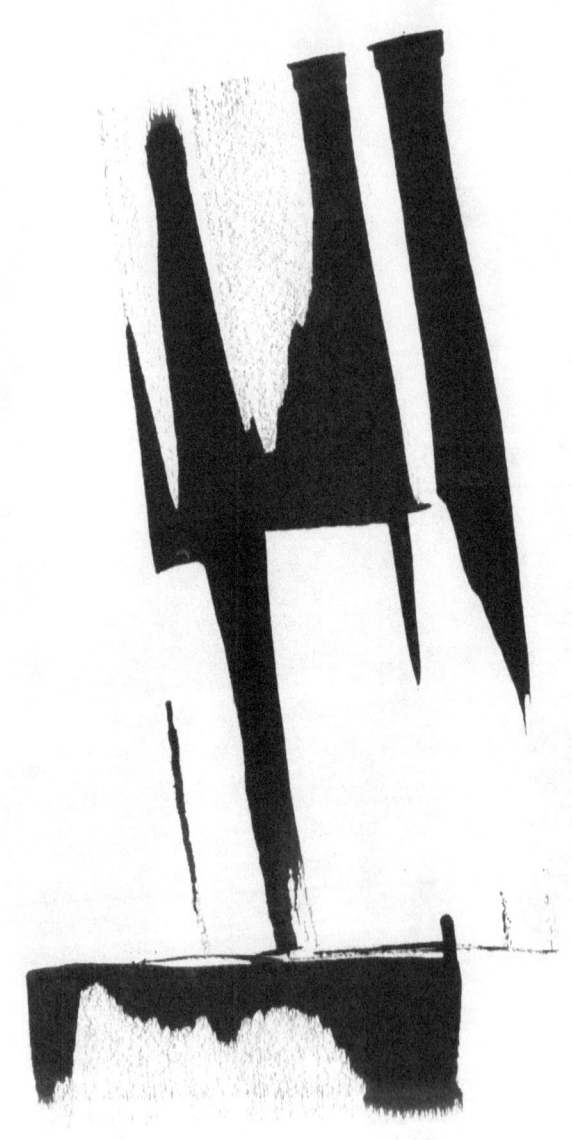

Ciclo 350

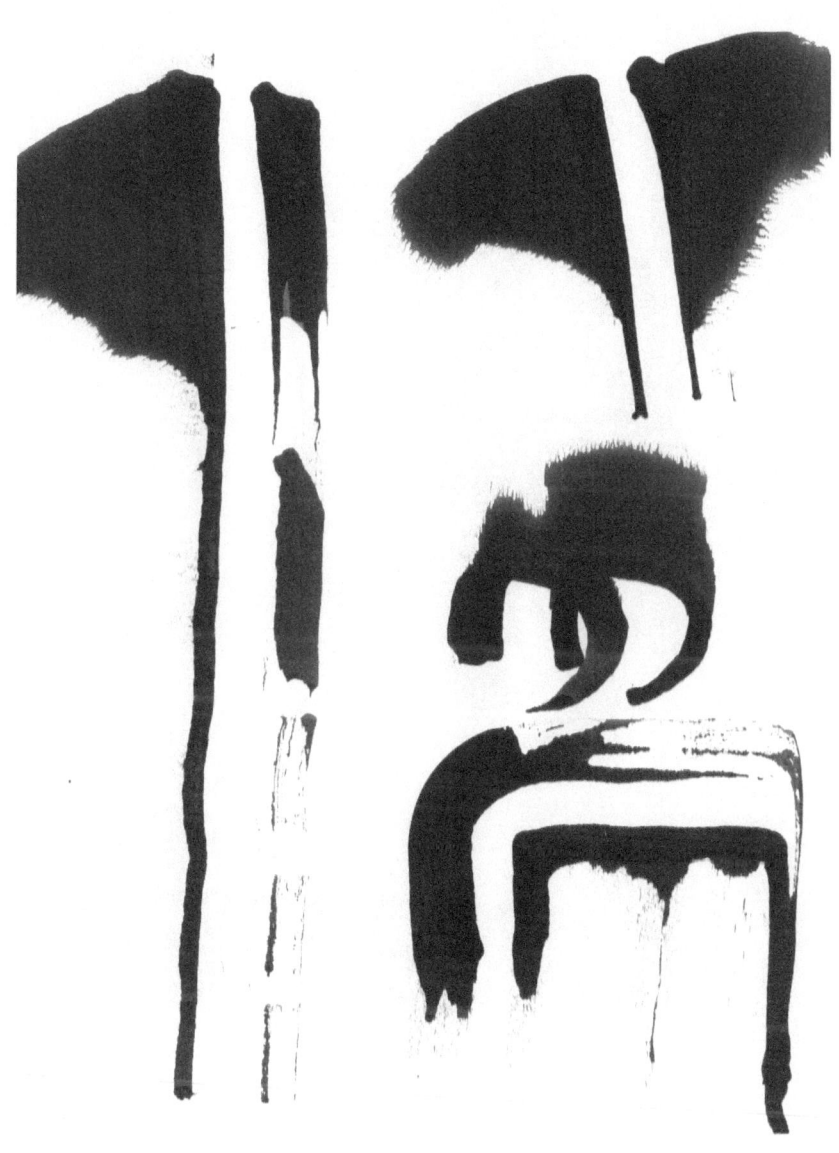

Ciclo 354

Ciclo 351

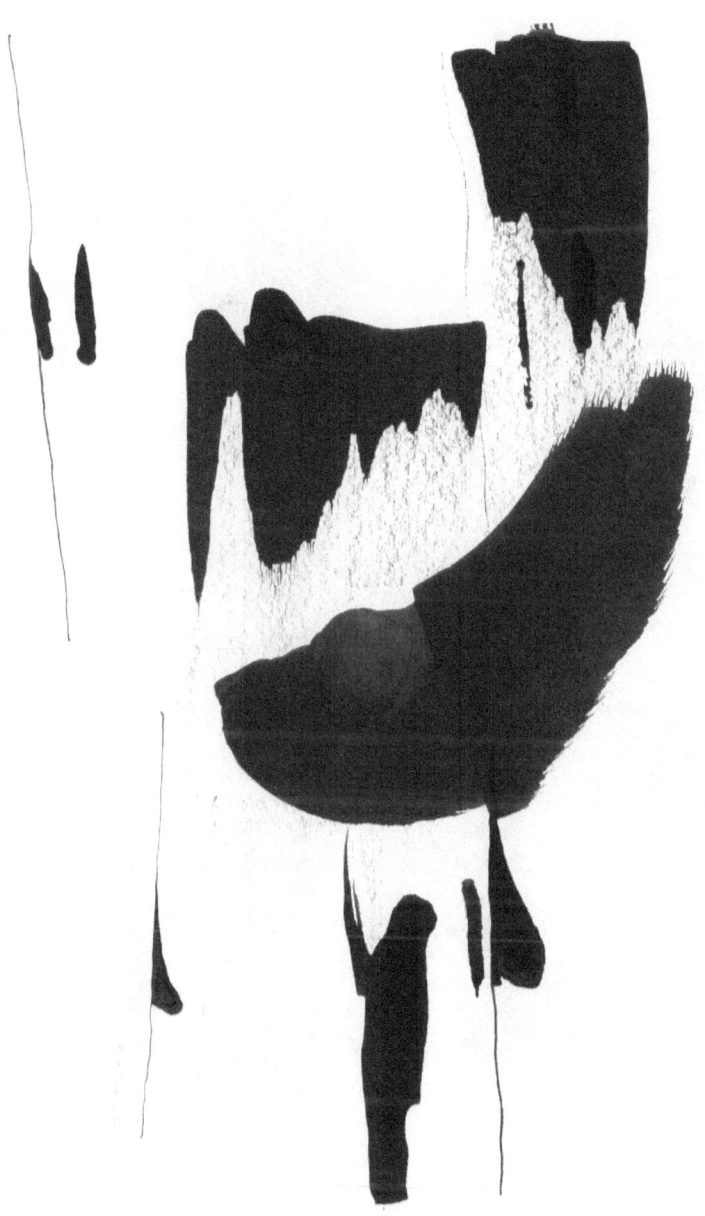

Ciclo 349

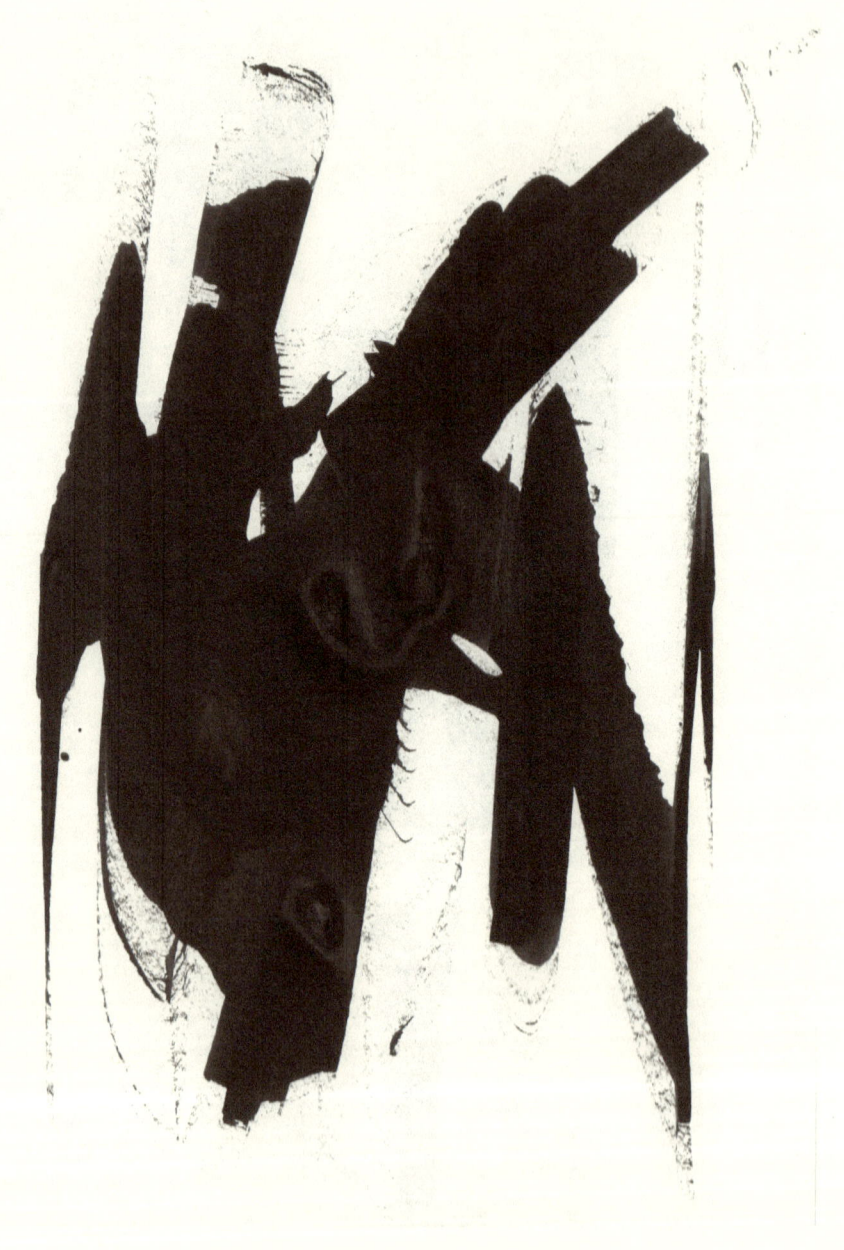

Ciclo 578

Ciclo 301

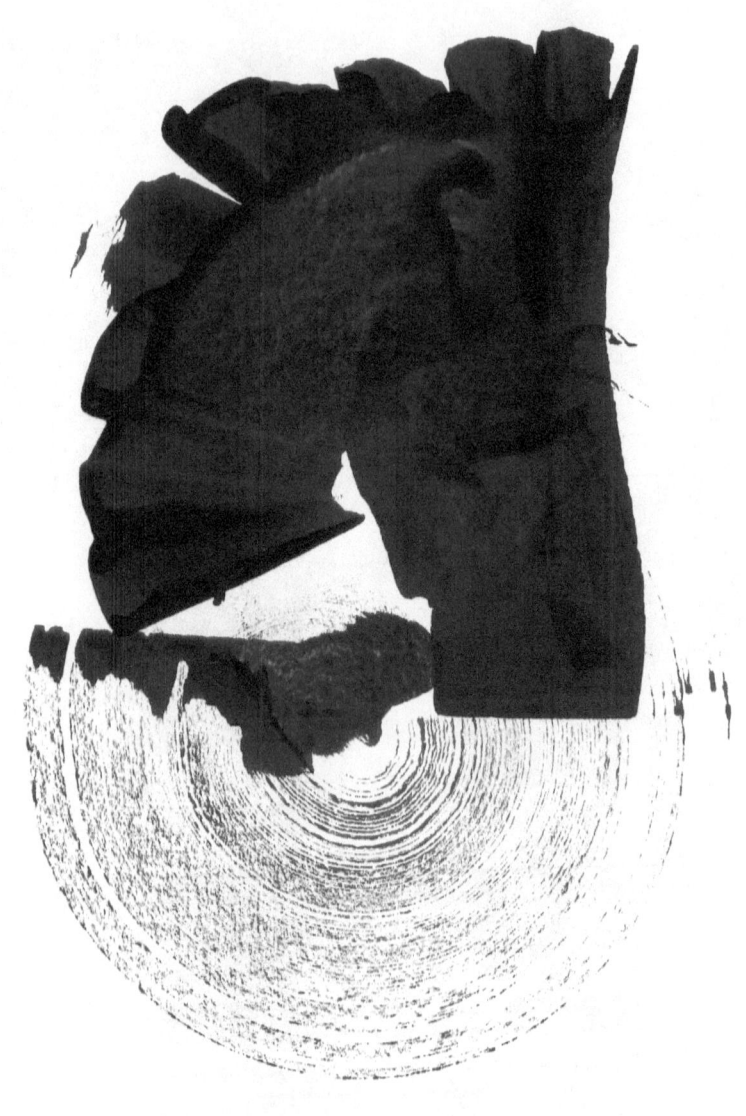

Ciclo 307

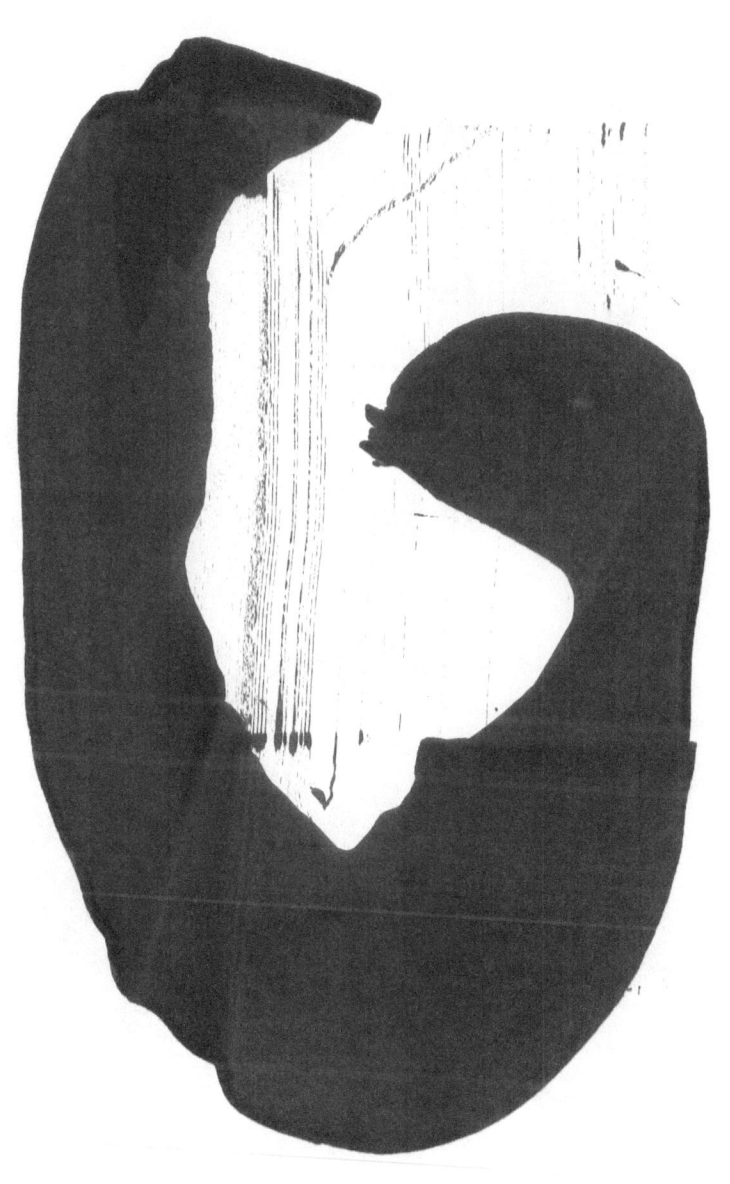

Ciclo 308

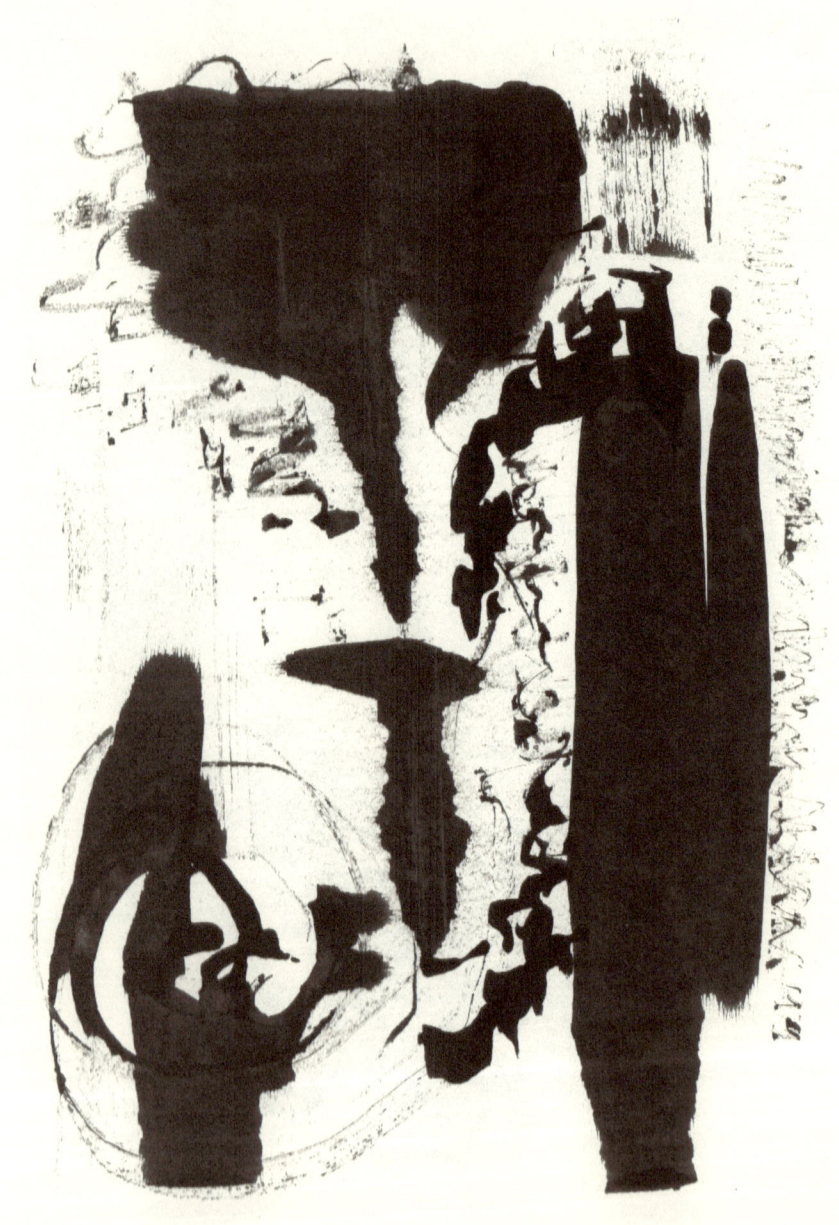

Ciclo 371

Ciclo 373

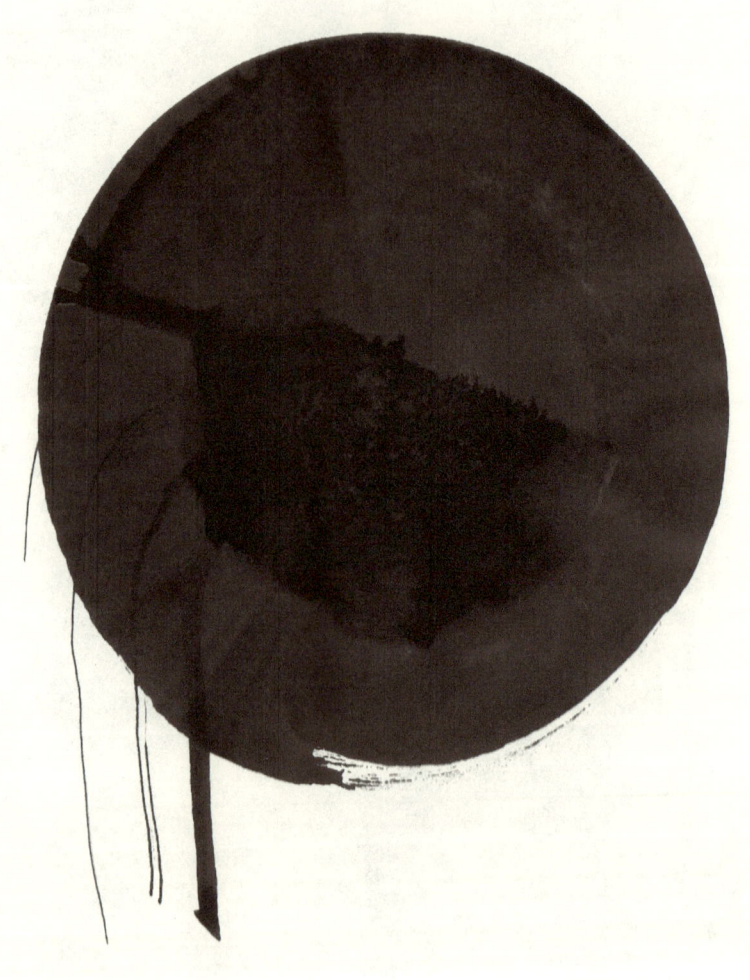

Ciclo 311

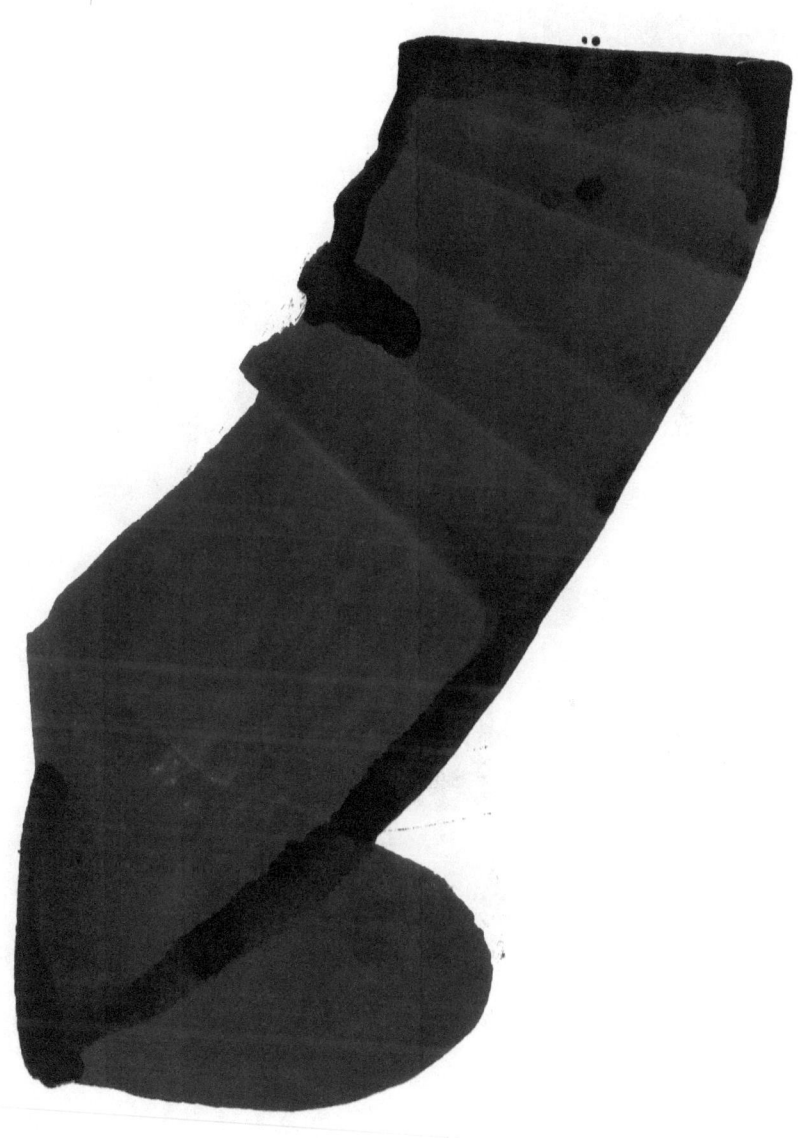

Ciclo 309

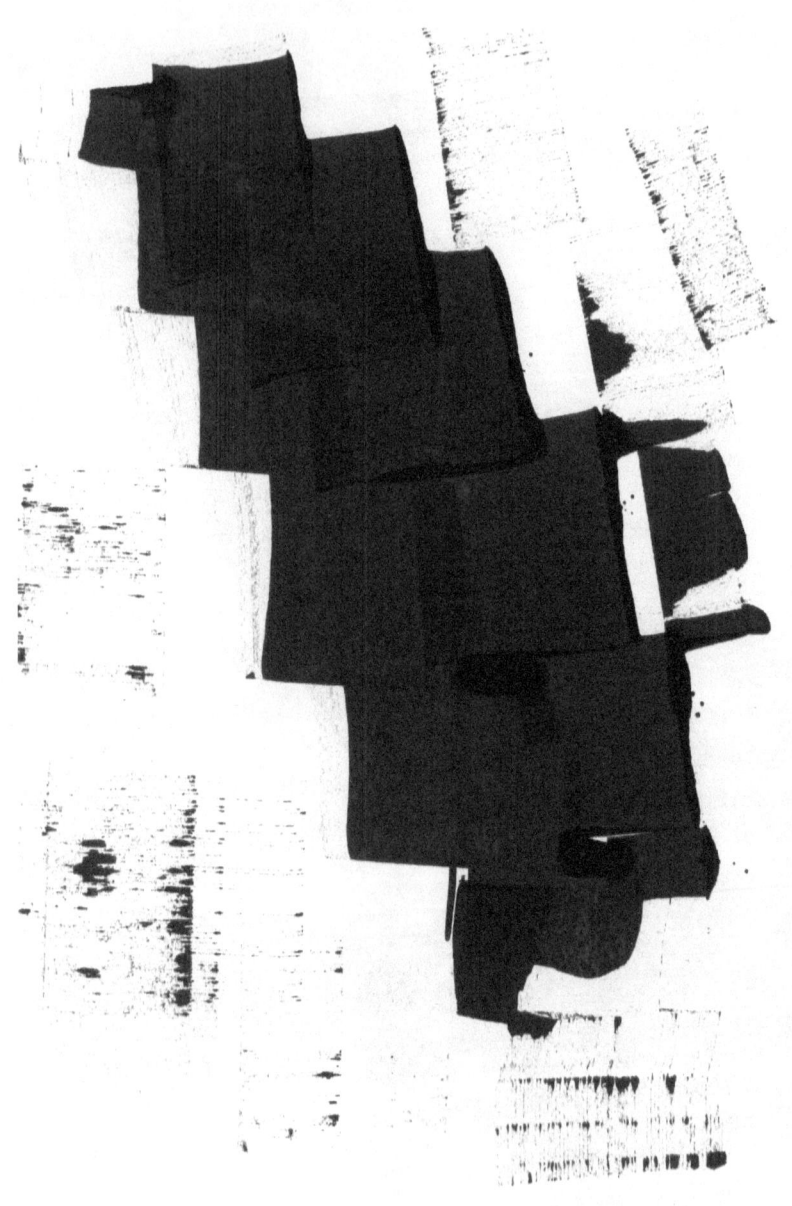

Ciclo 370

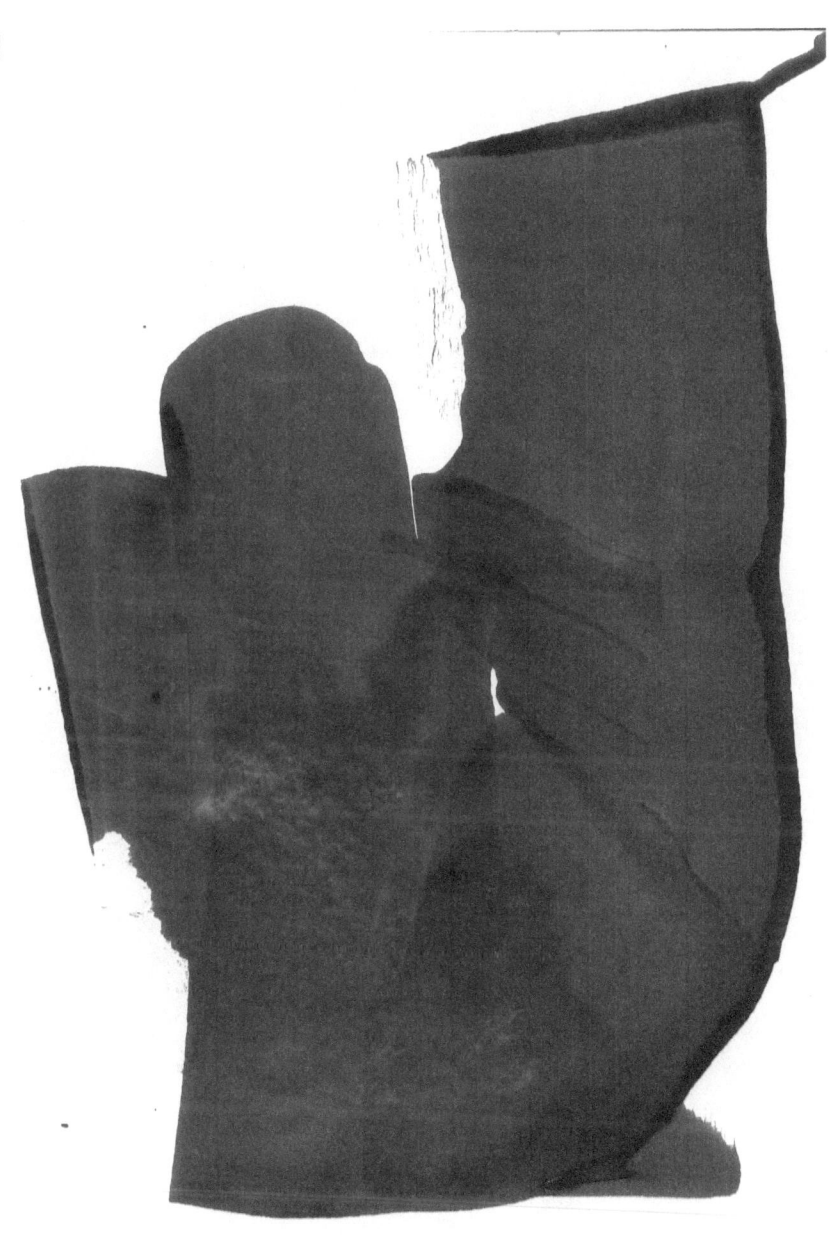

Ciclo 312

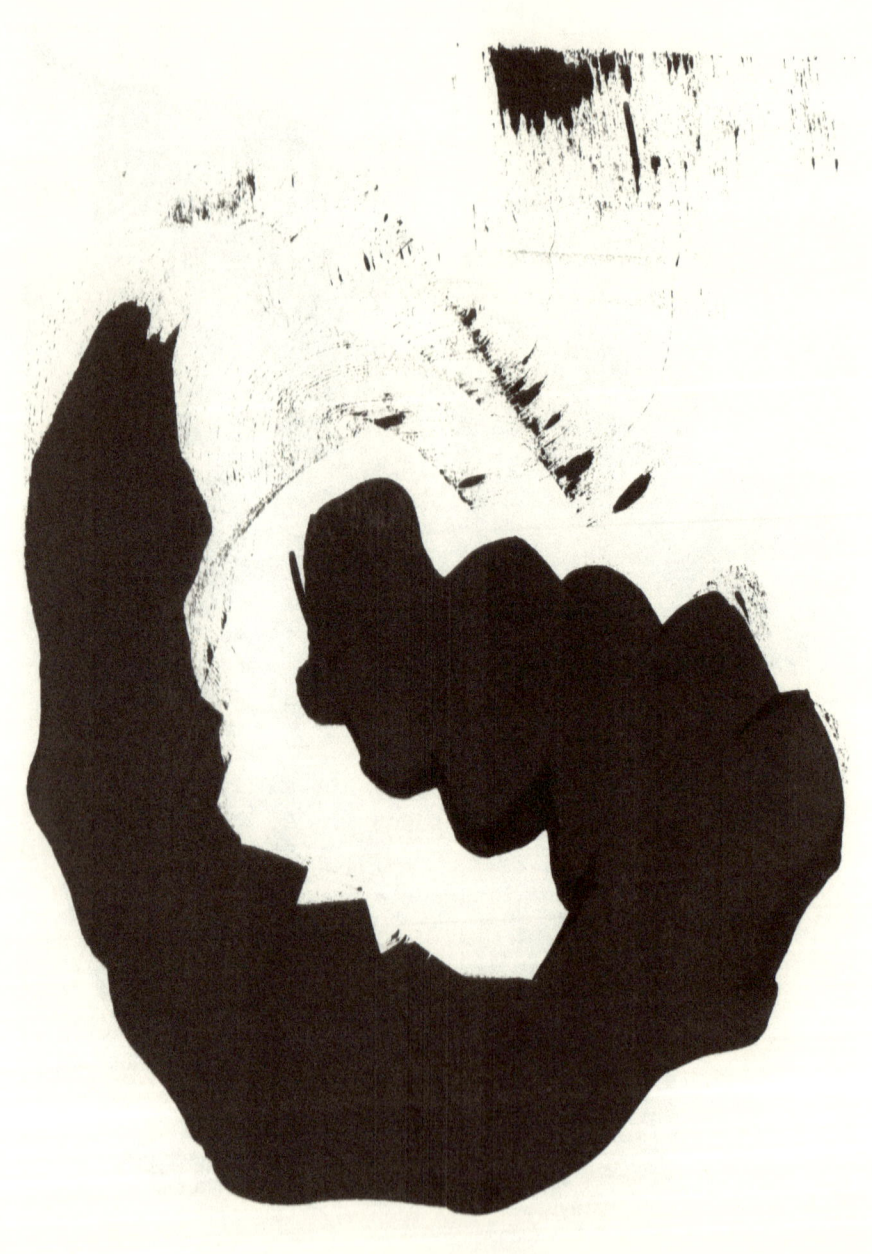

Ciclo 365

Ciclo 304

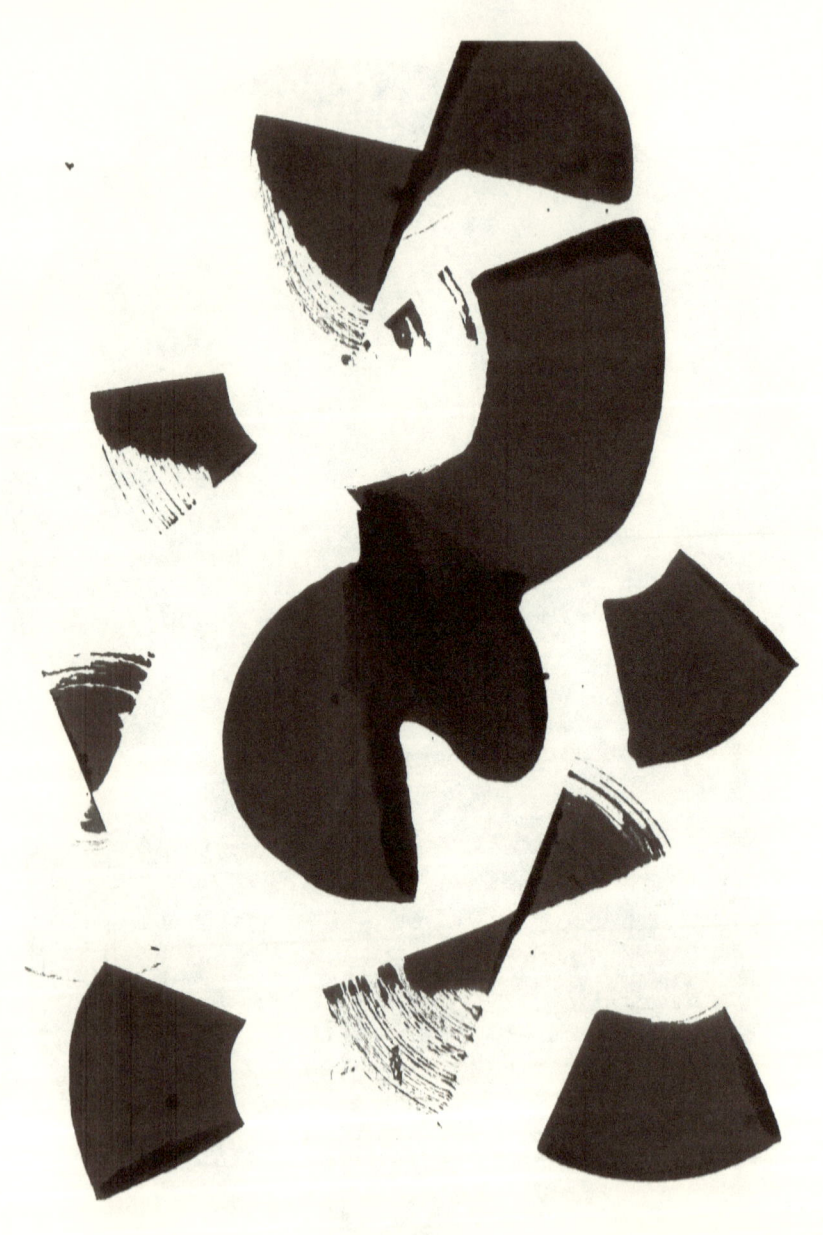

Ciclo 305

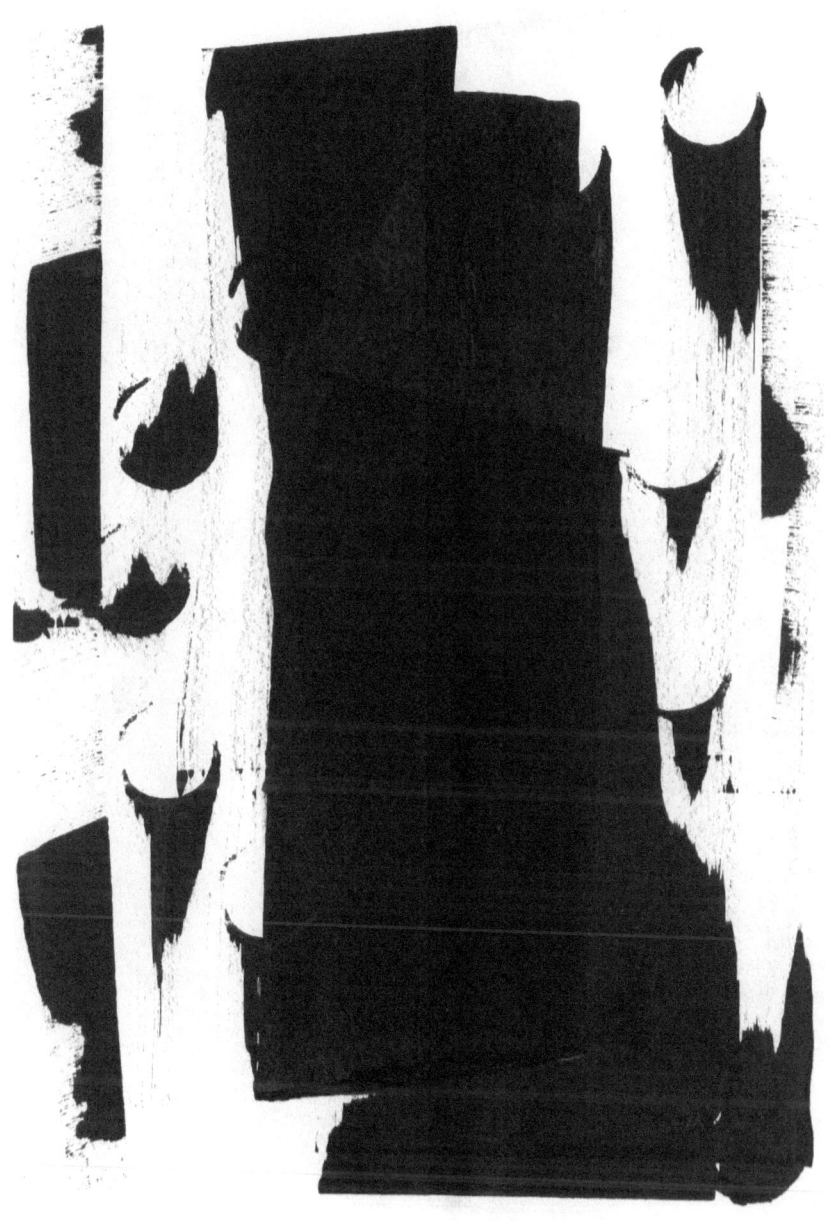

Ciclo 366

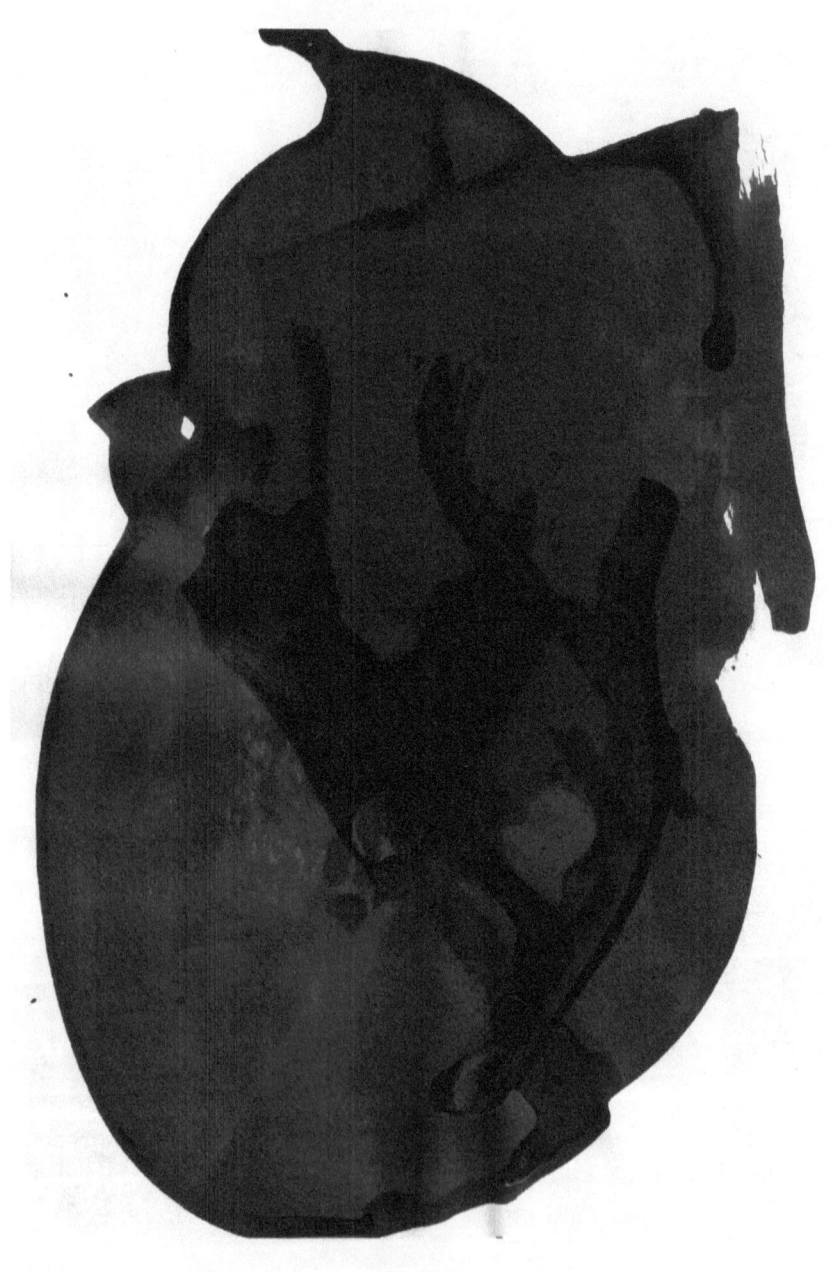

Ciclo 377

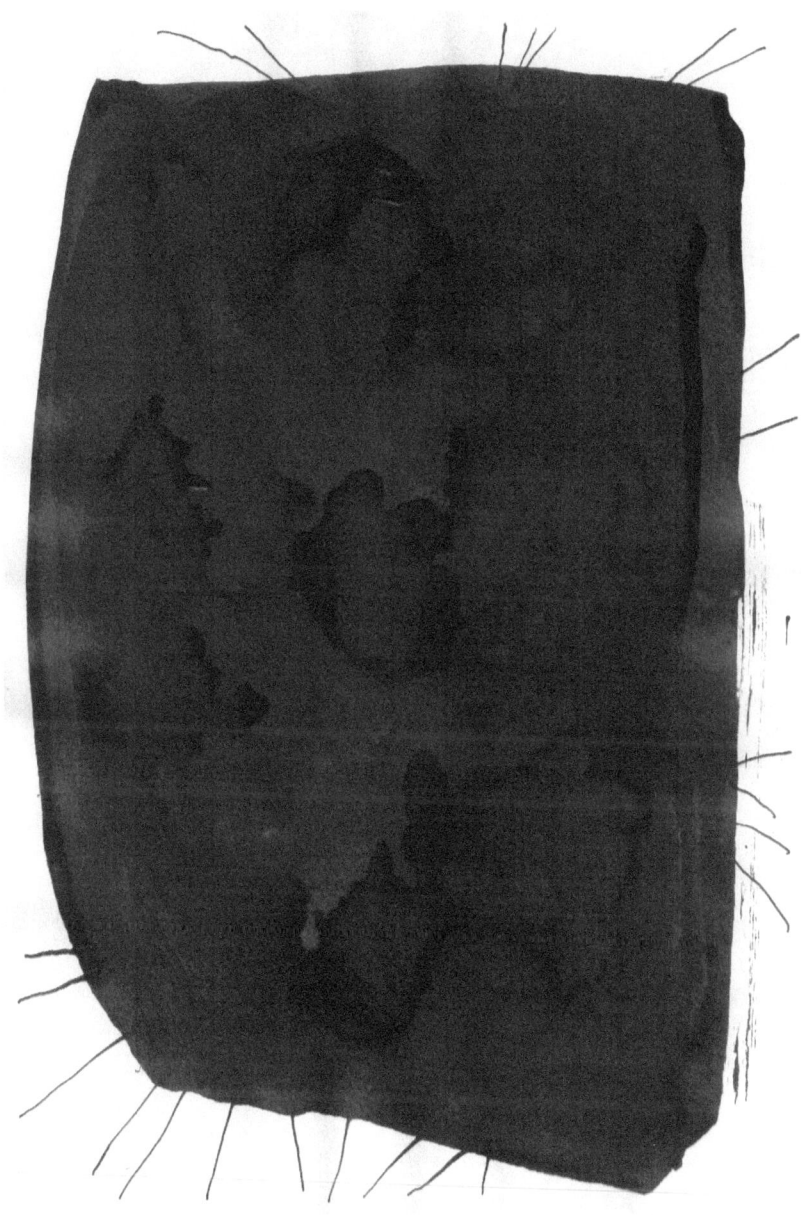

Ciclo 382

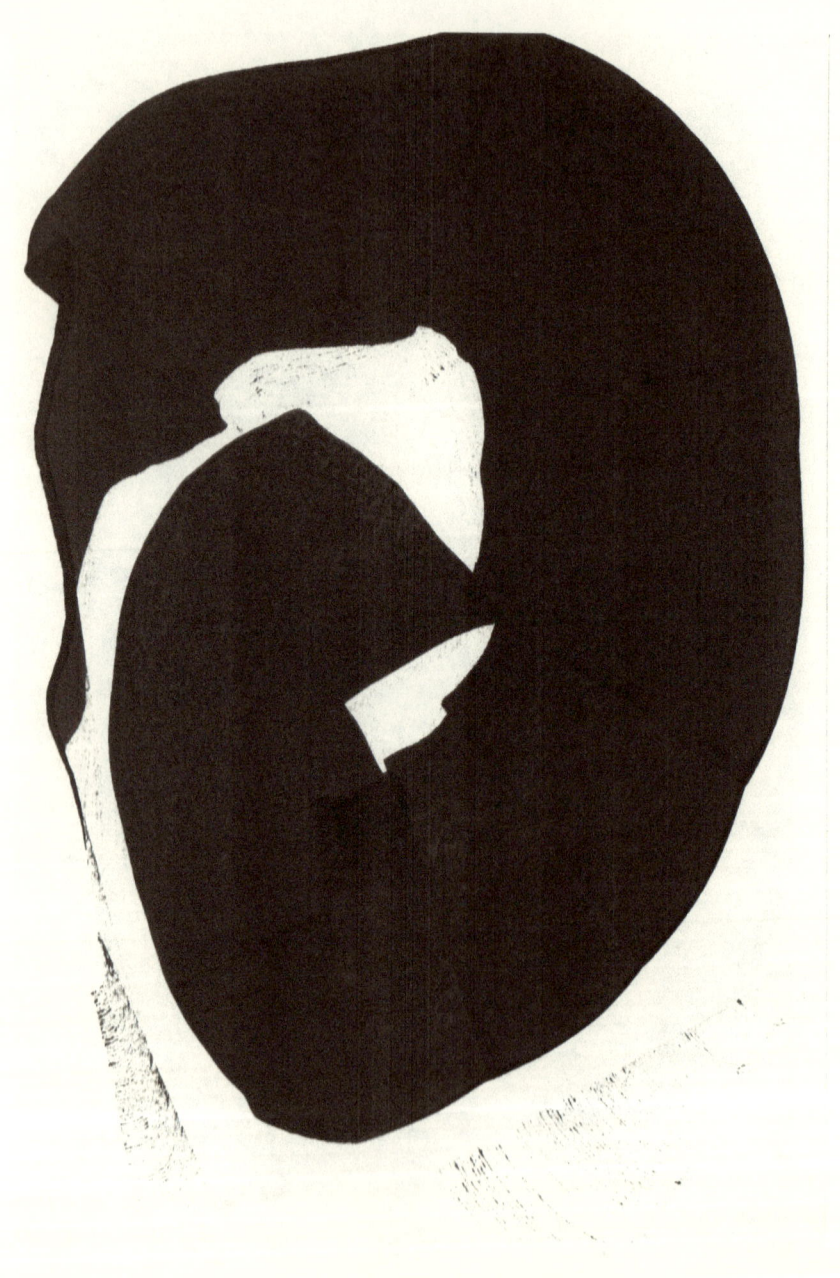

Ciclo 367

Ciclo 380

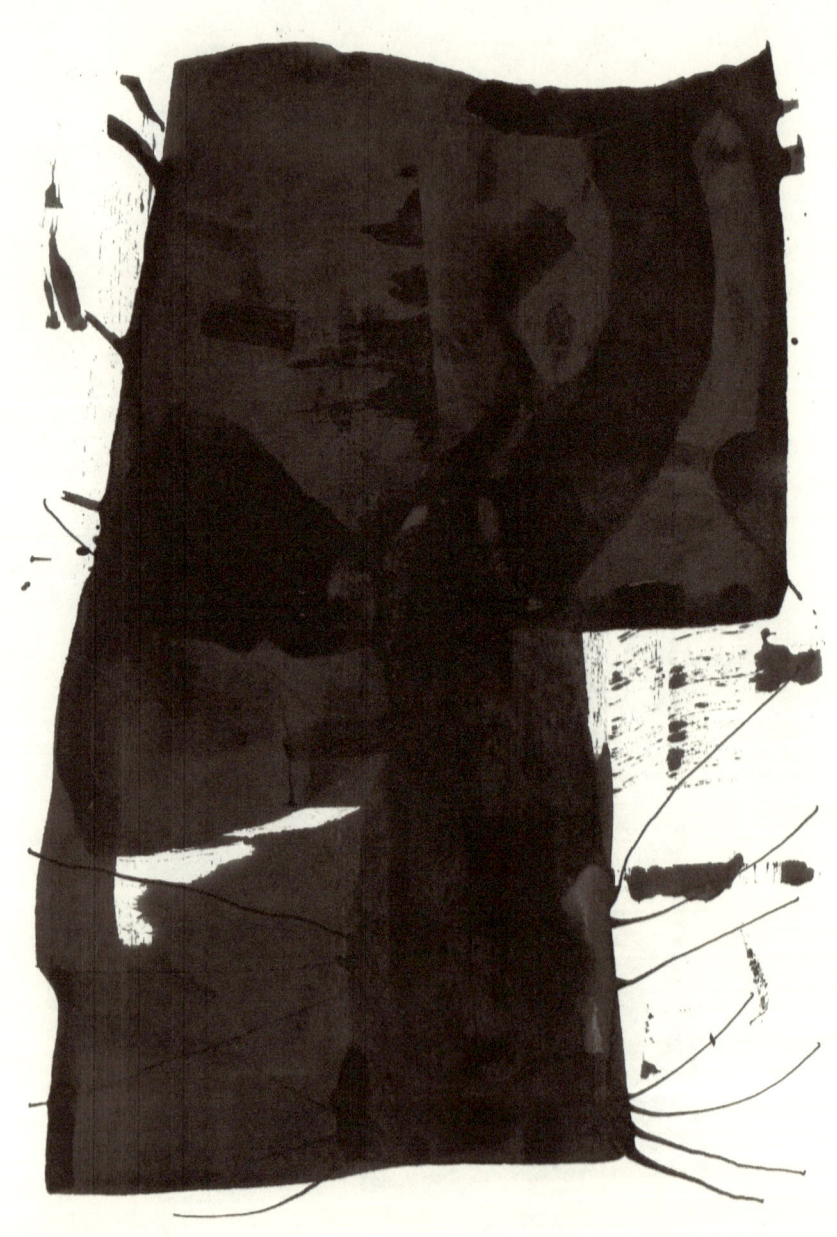

Ciclo 302

Ciclo 381

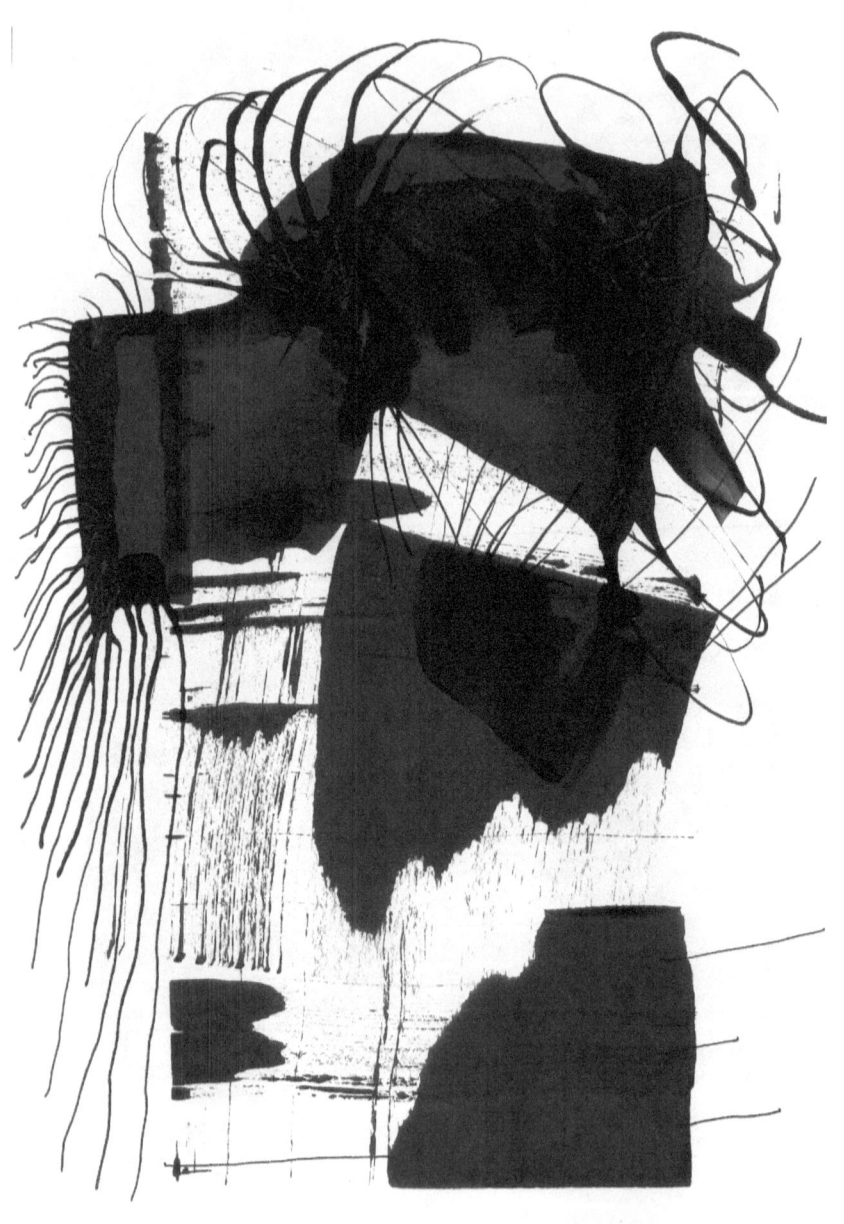

Ciclo 303

Ciclo 378

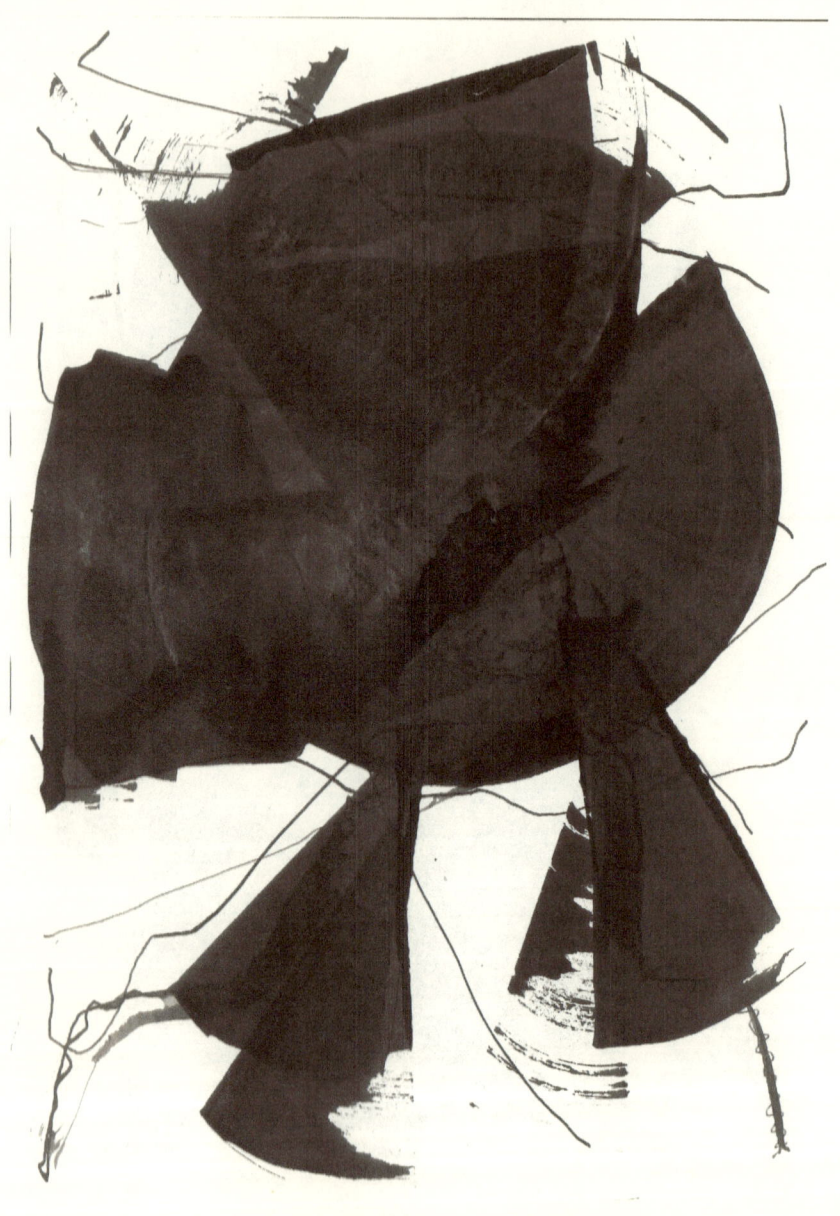
Ciclo 306

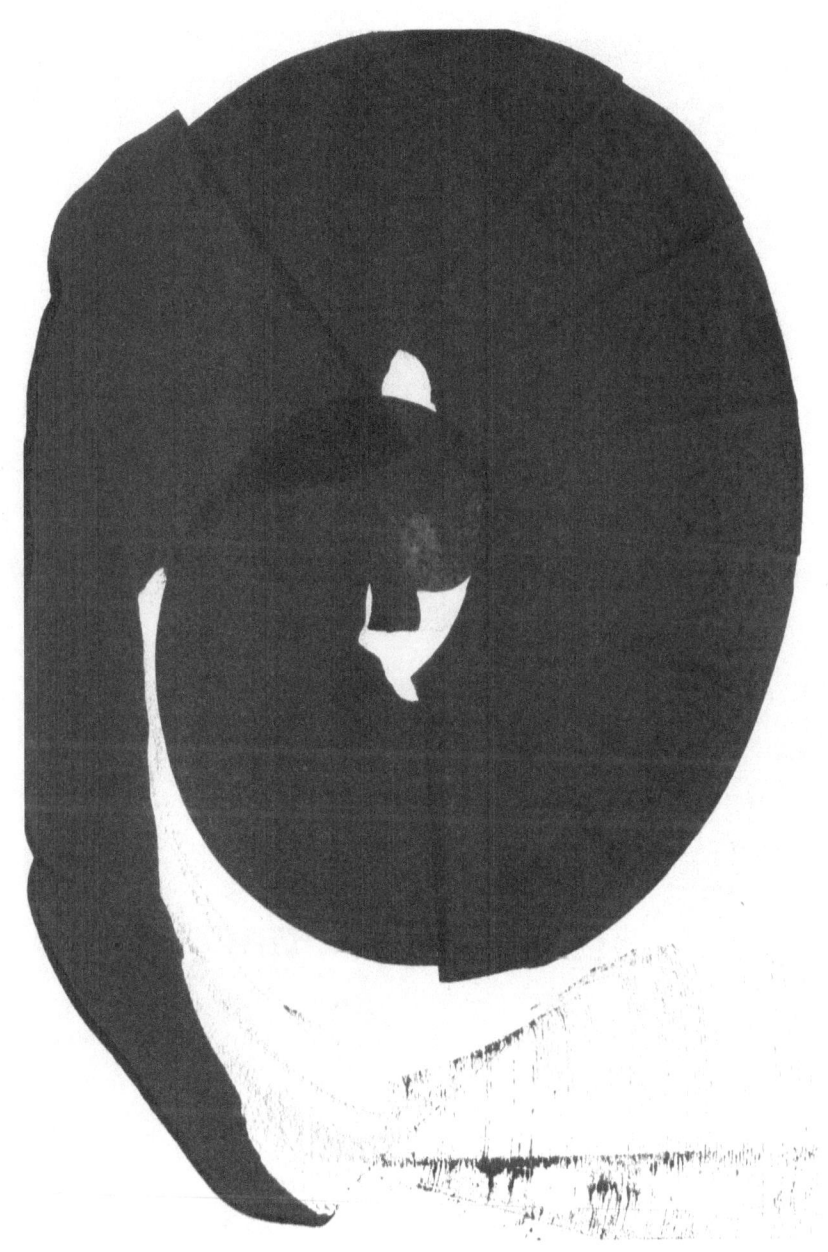

Ciclo 368

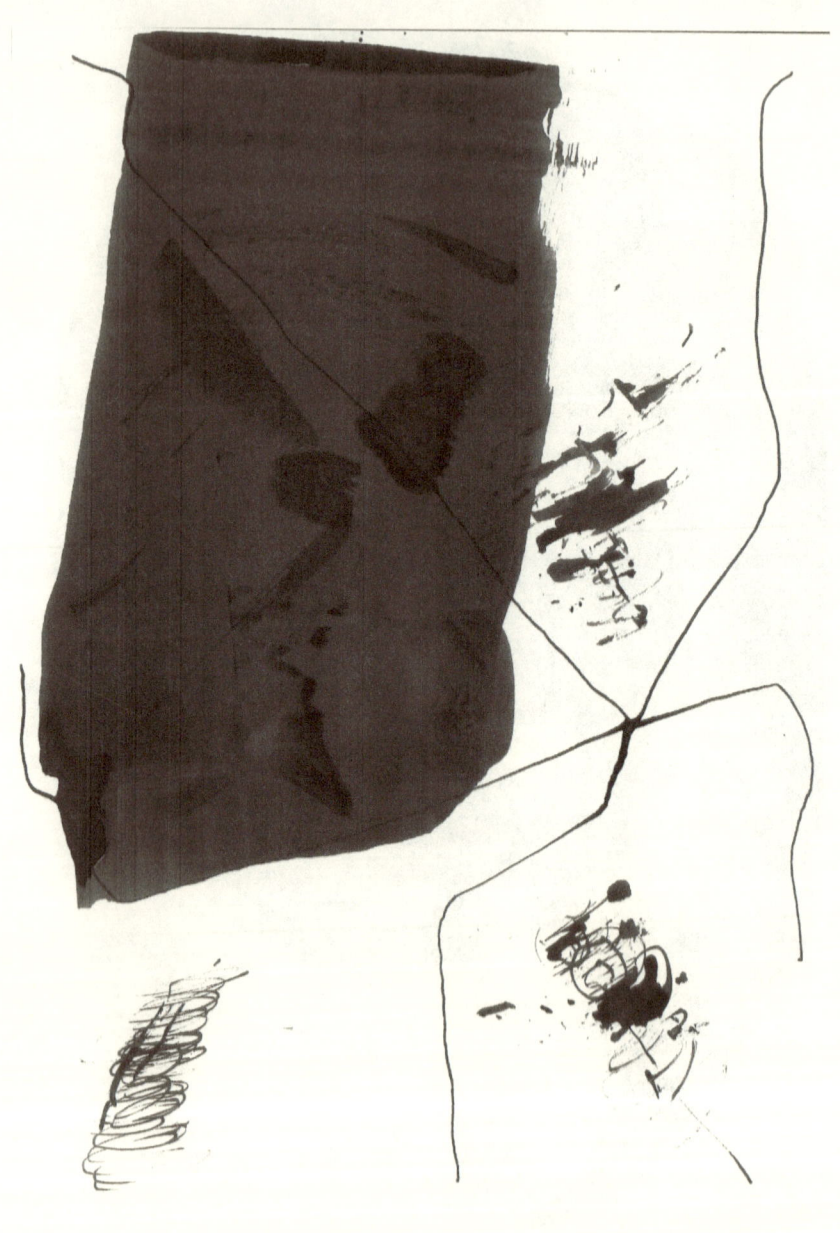

Ciclo 310

Ciclo 376

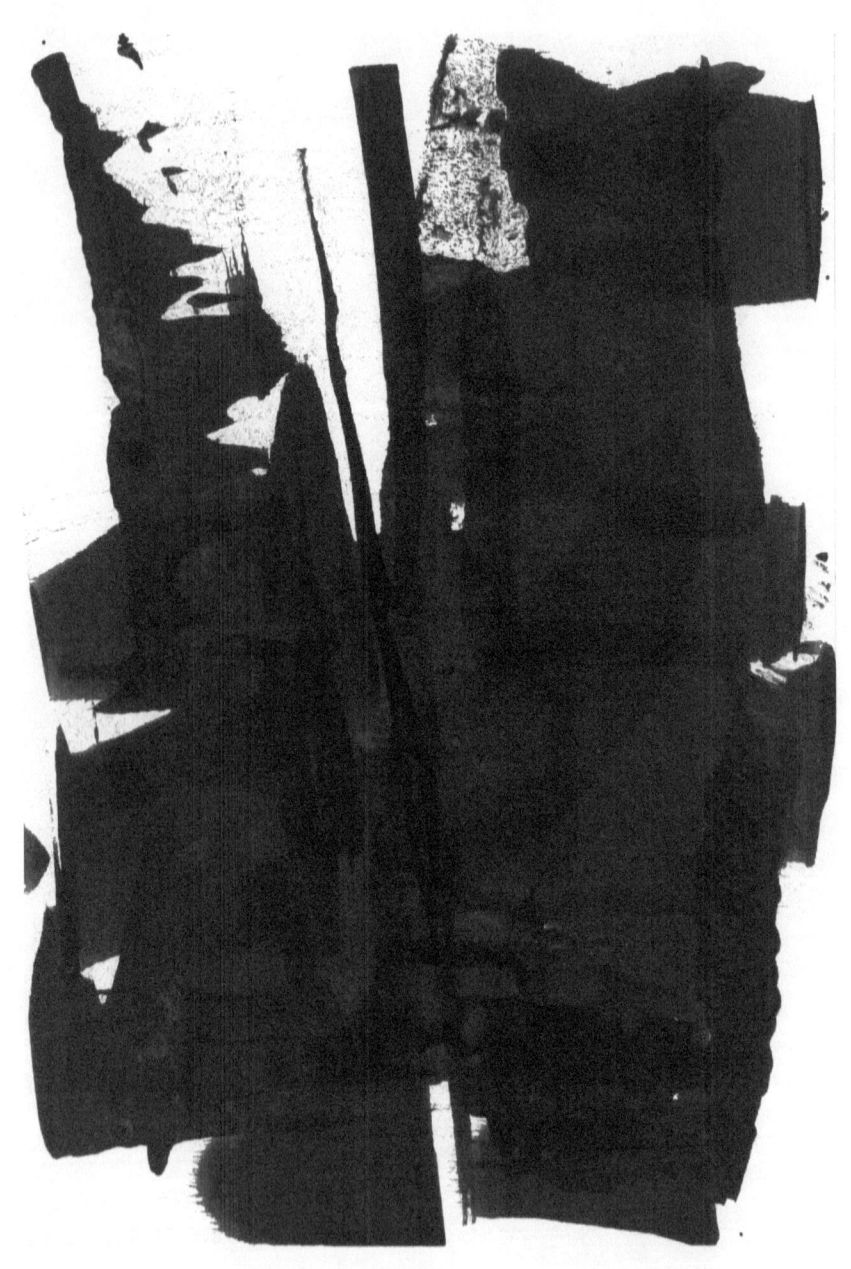

Ciclo 372

Ciclo 379

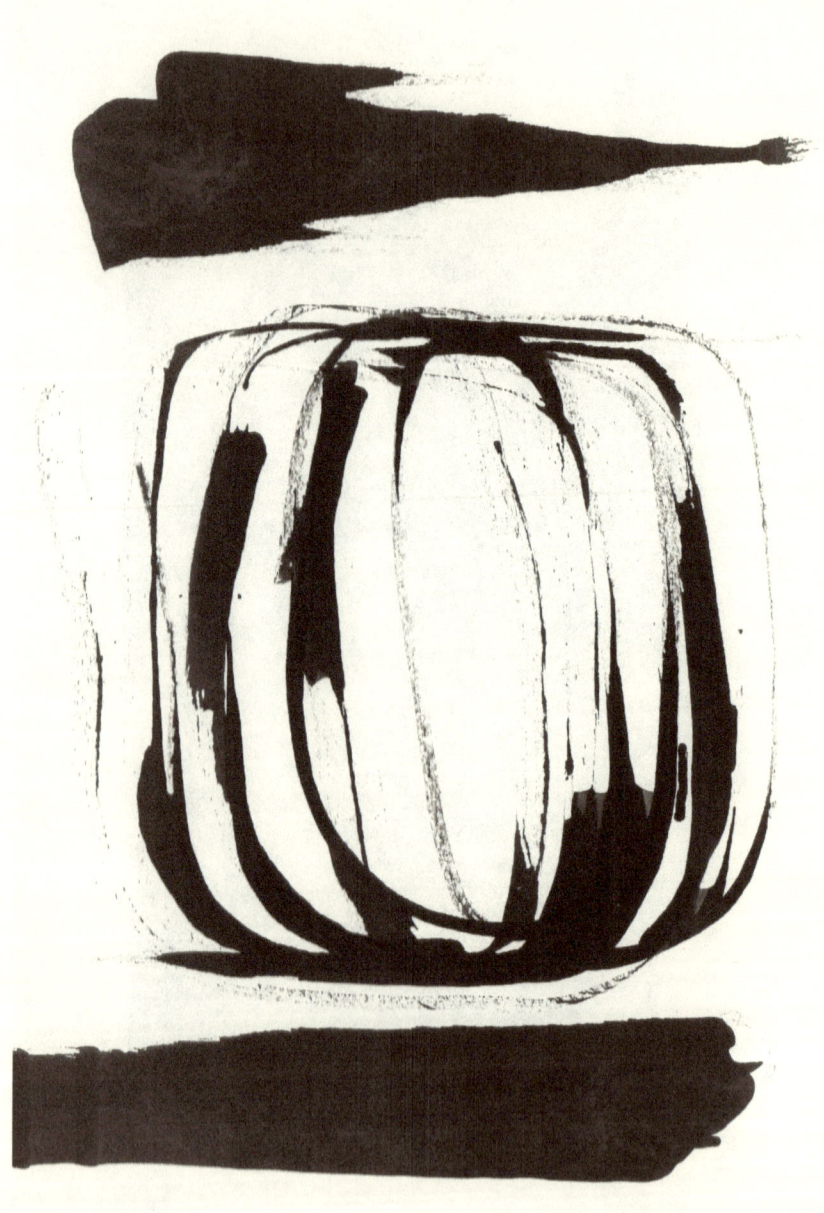

Ciclo 383

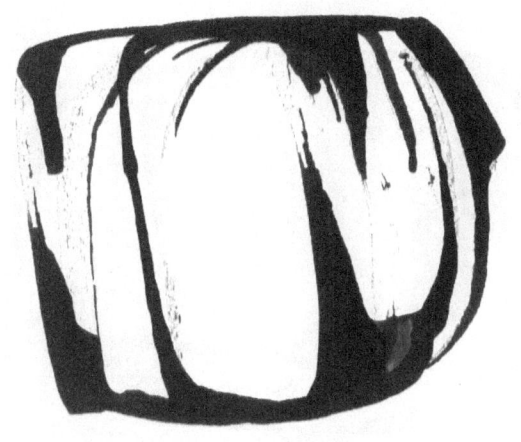

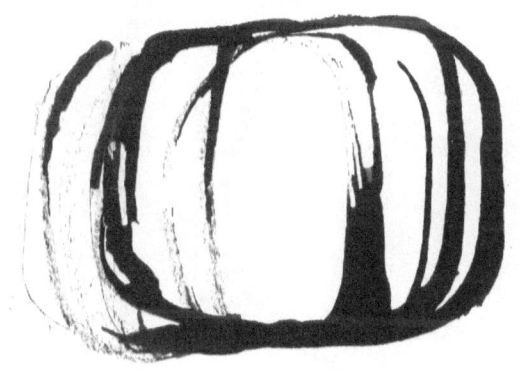

Ciclo 385

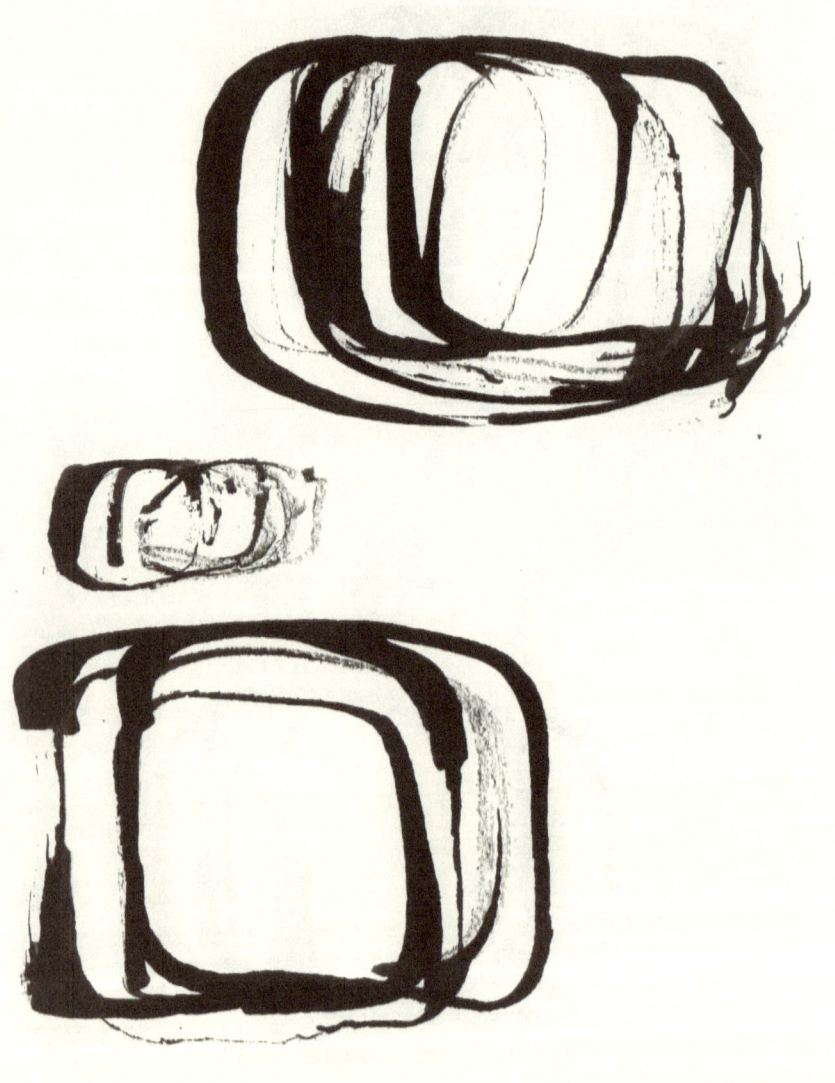

Ciclo 384

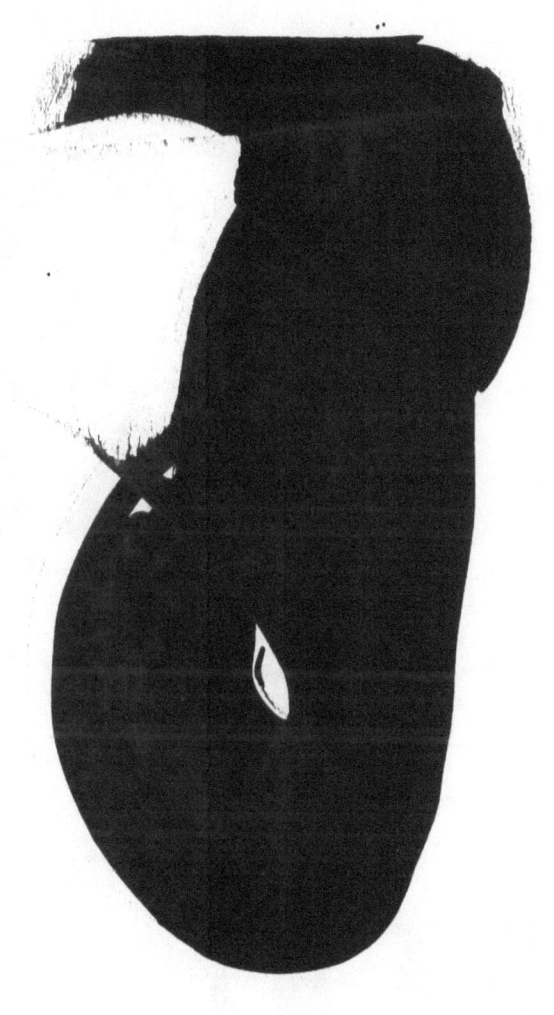

Ciclo 409

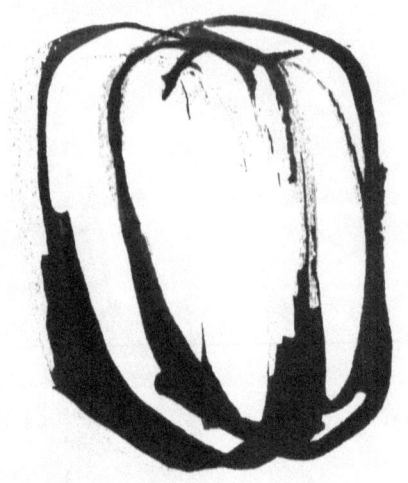

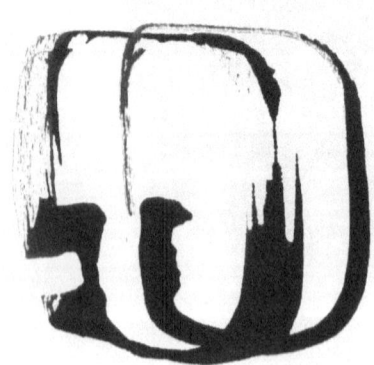

Ciclo 386

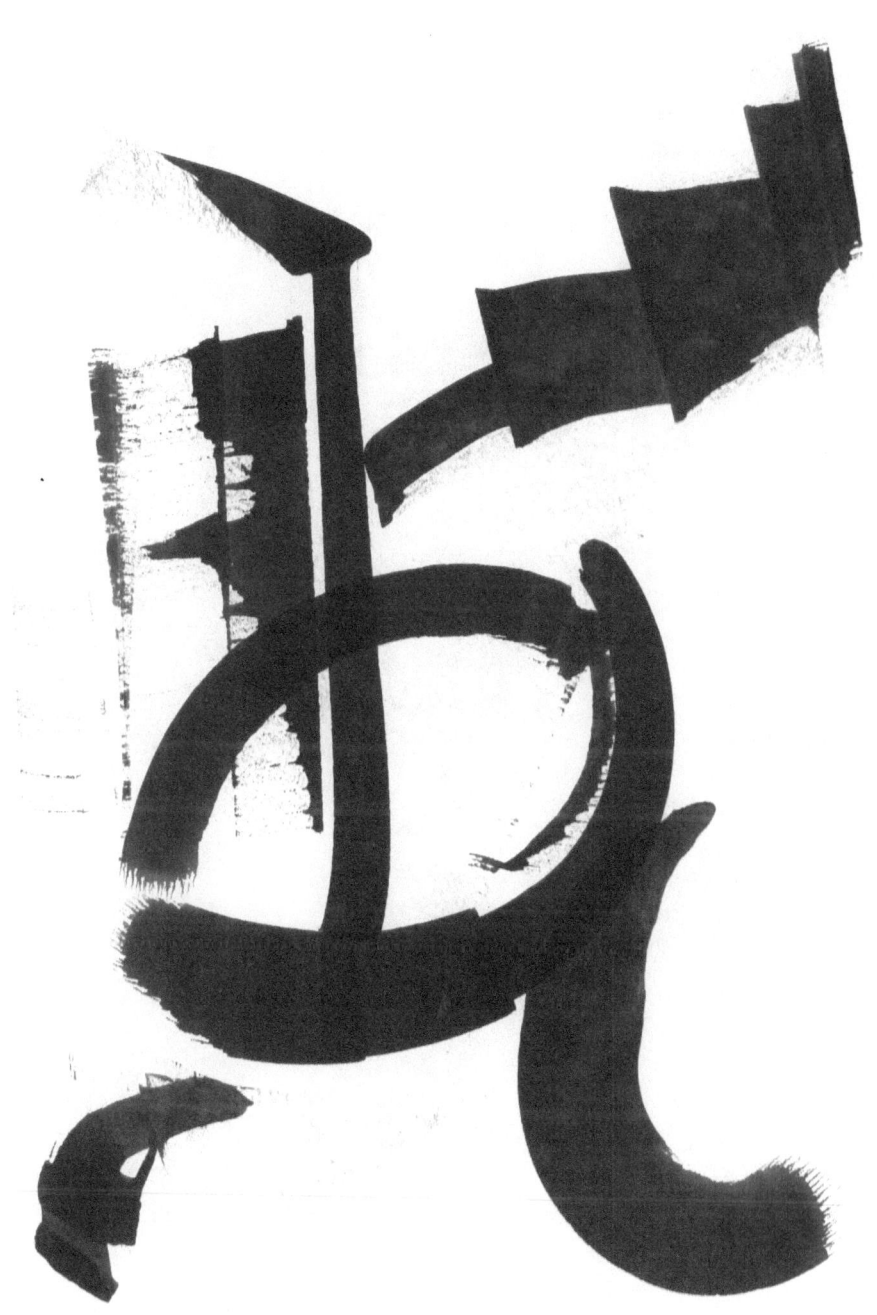

Ciclo 400

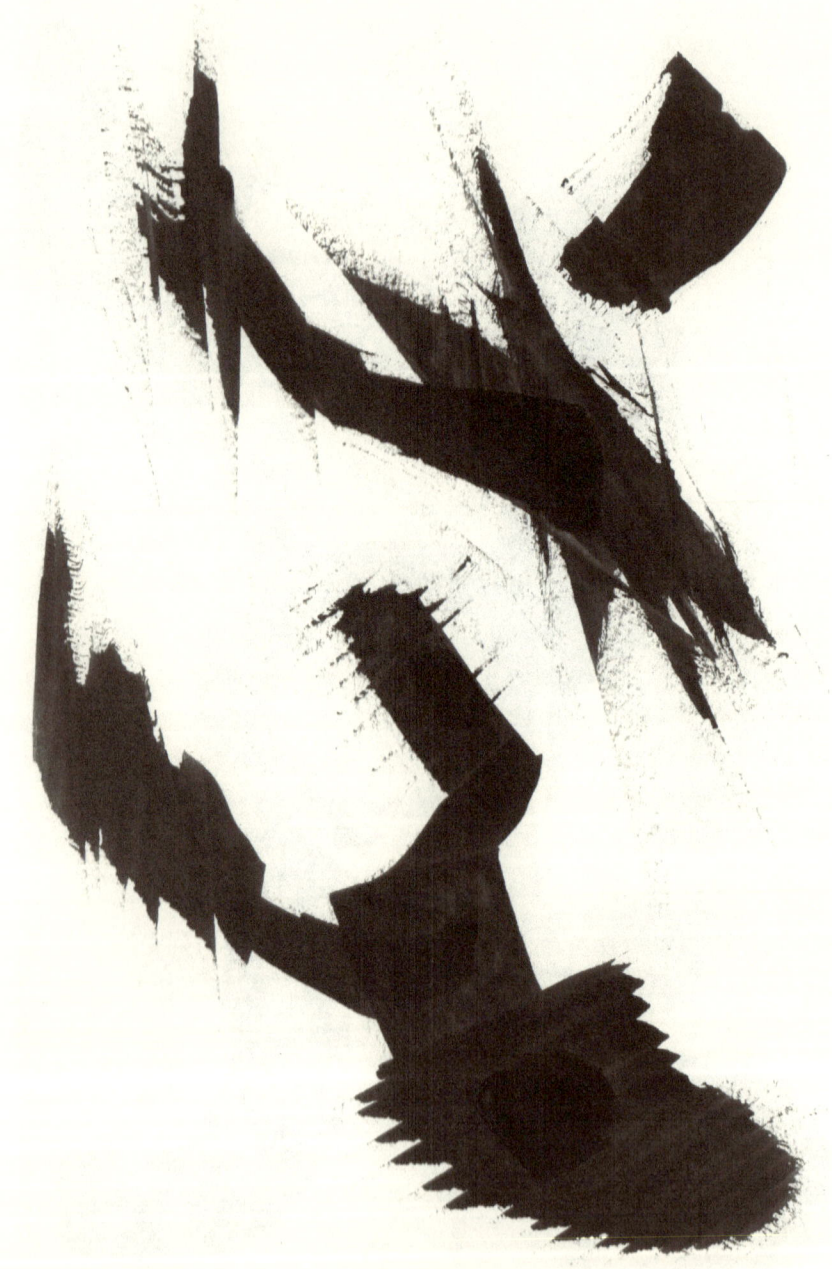

Ciclo 399

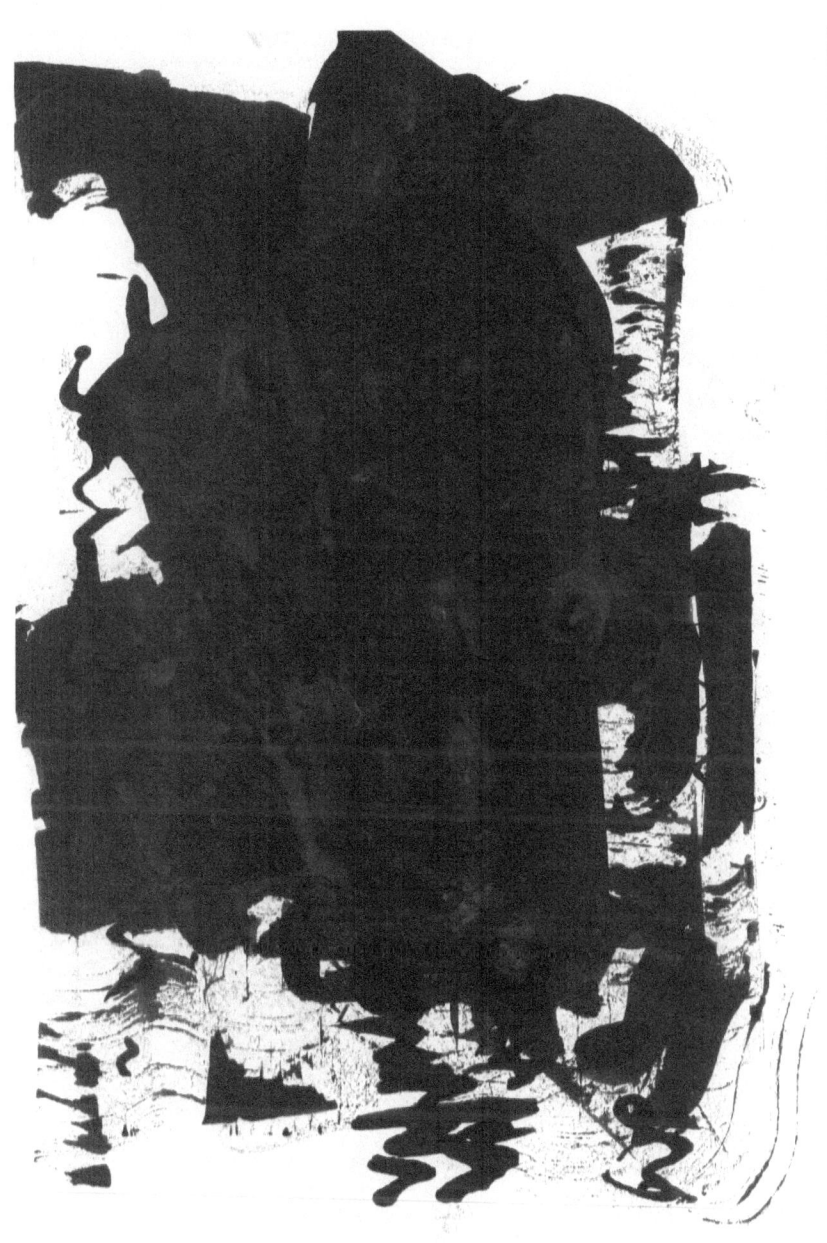

Ciclo 405

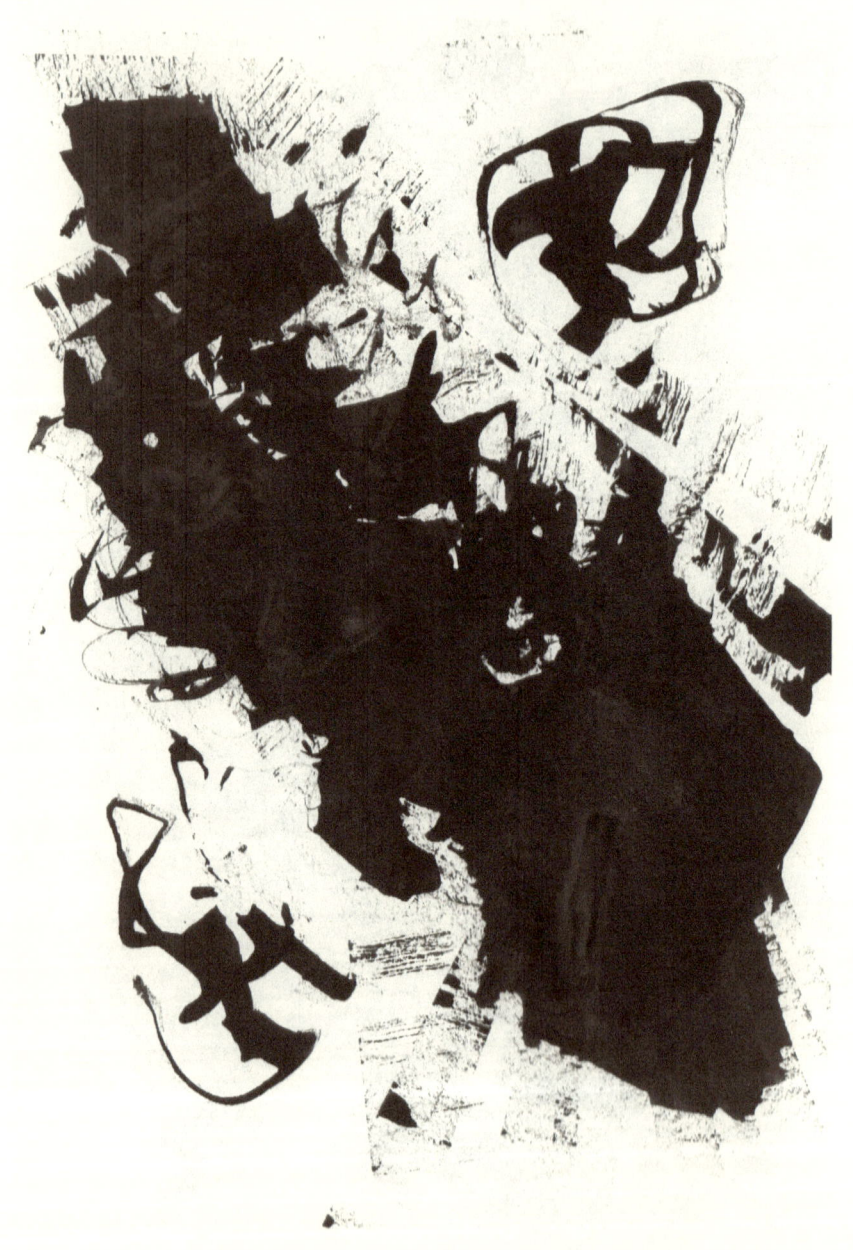

Ciclo 407

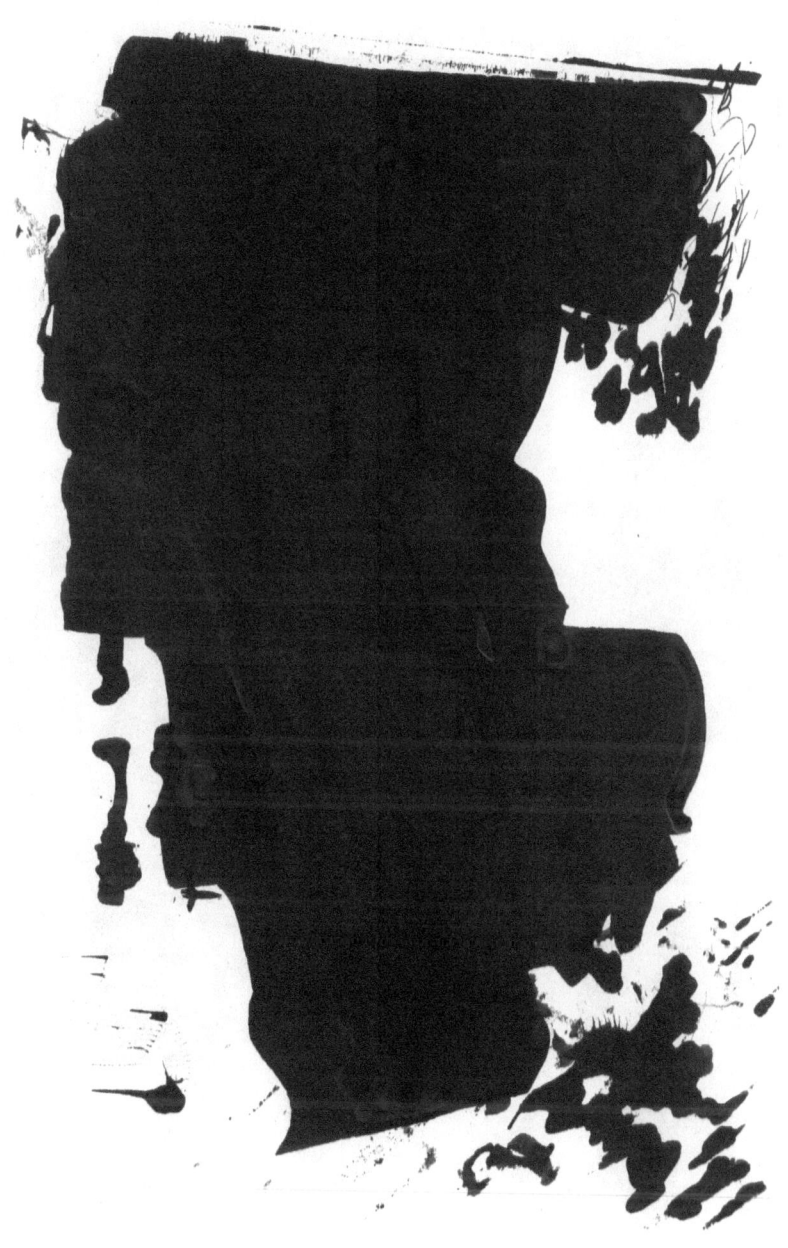

Ciclo 414

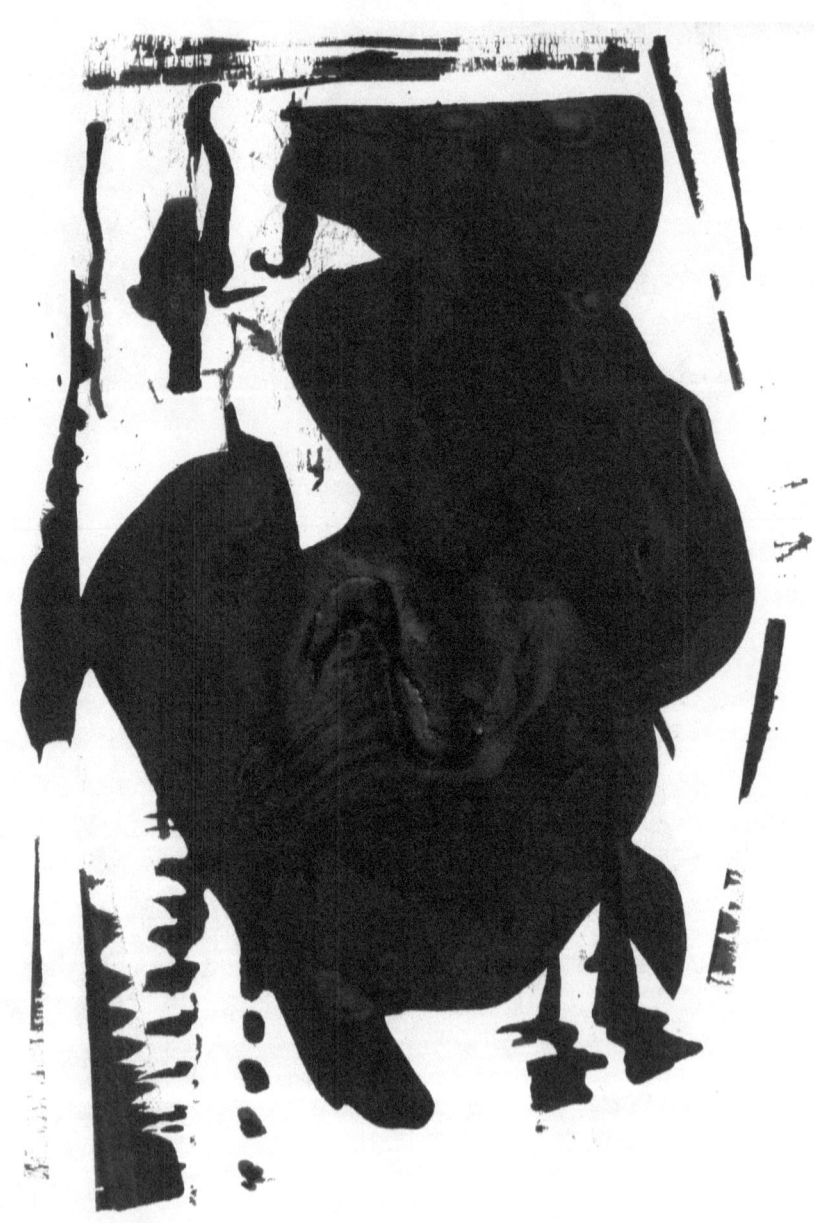

Ciclo 415

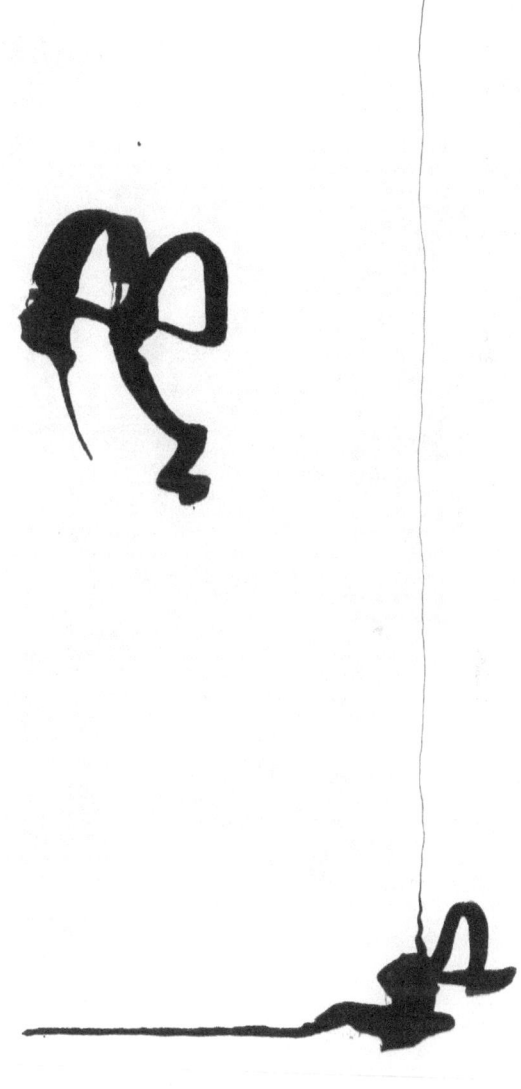

Ciclo 419

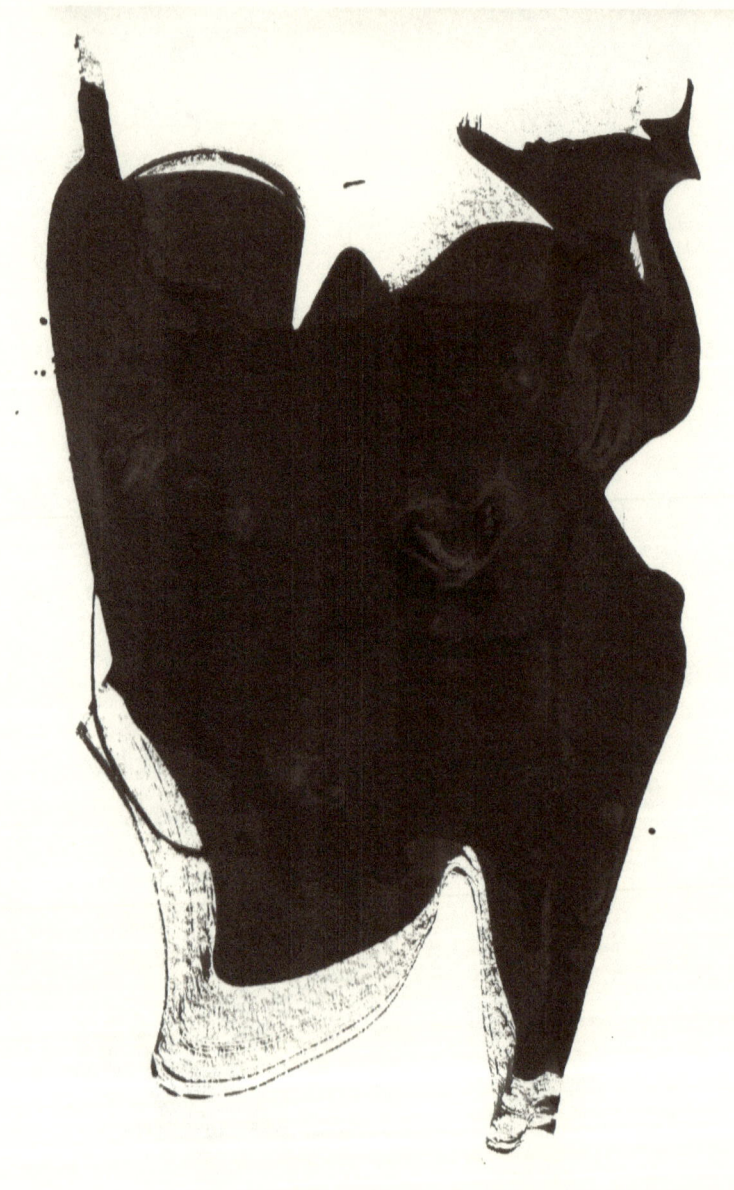

Ciclo 413

Ciclo 410

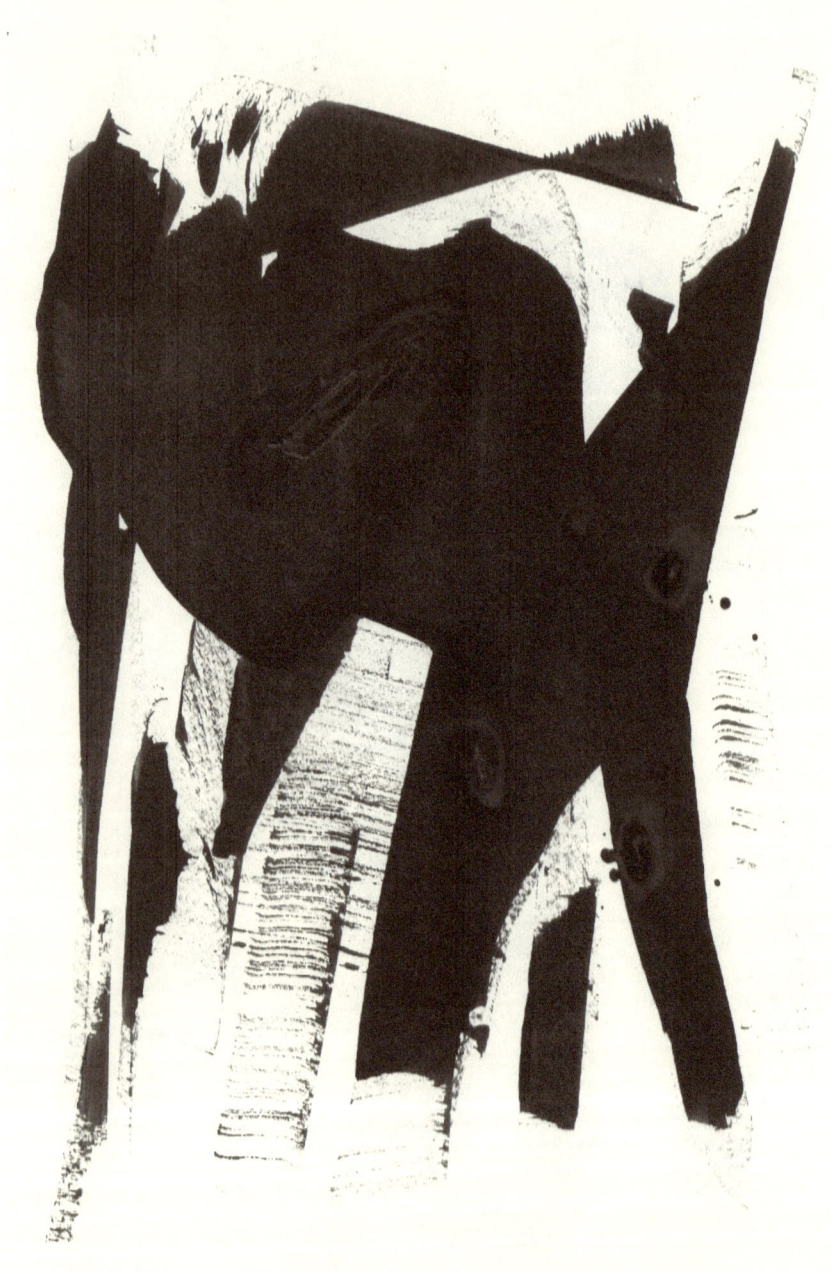

Ciclo 580

Ciclo 579

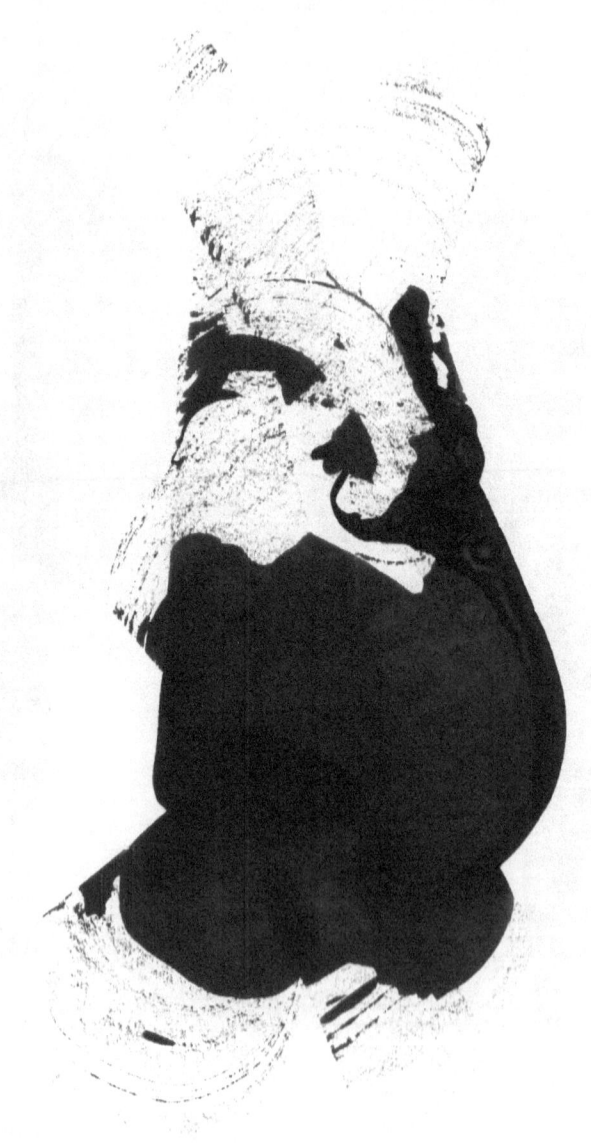

Ciclo 408

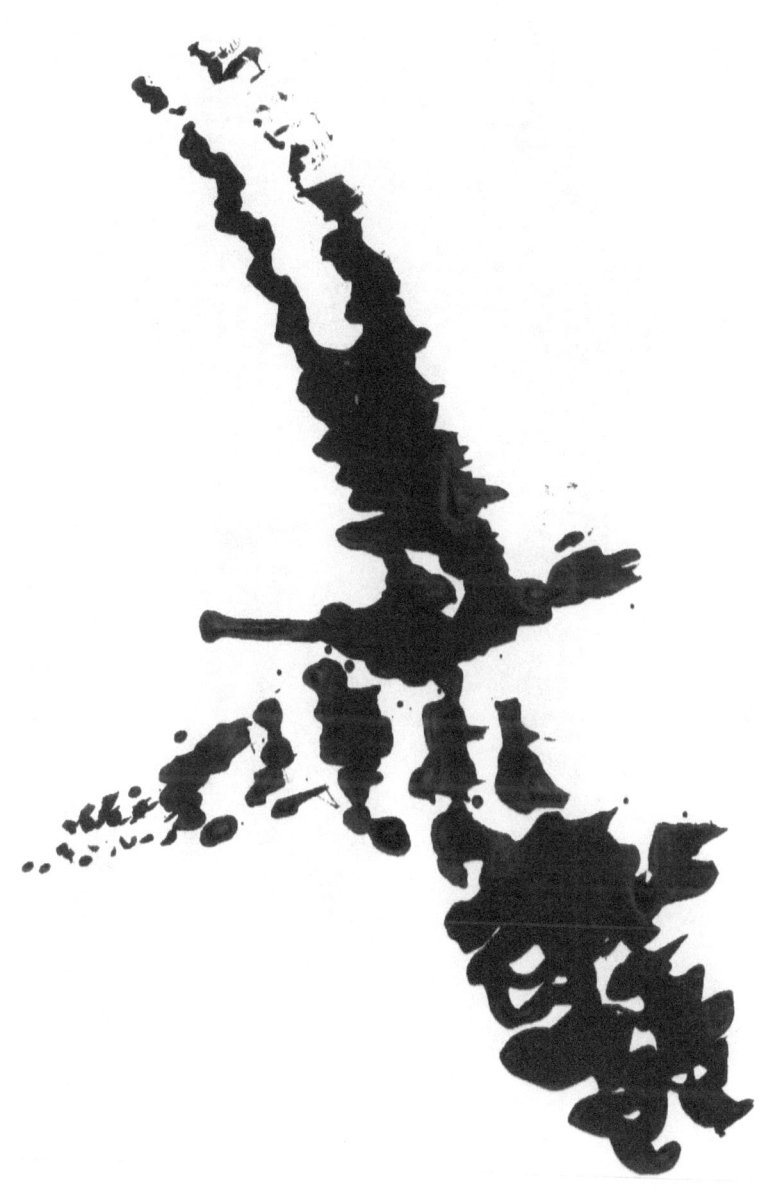

Ciclo 412

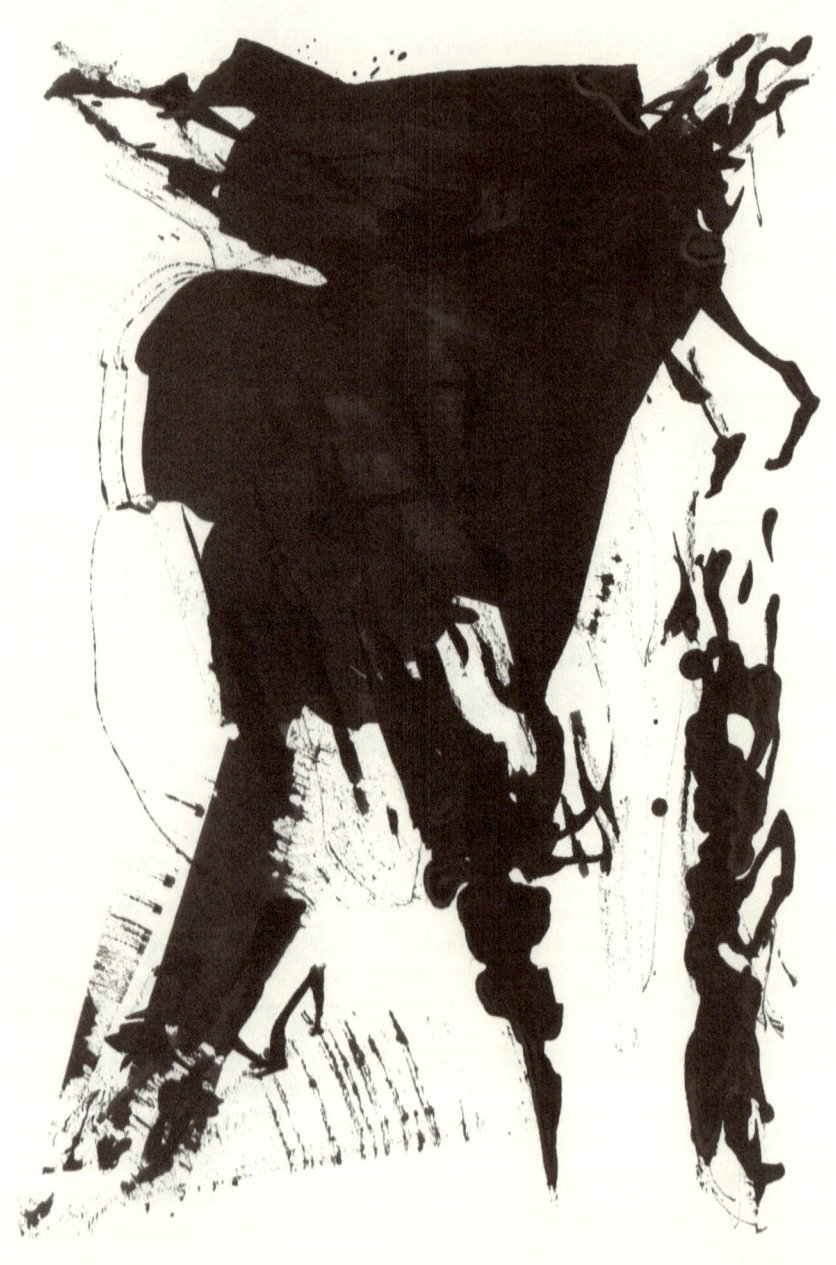

Ciclo 416

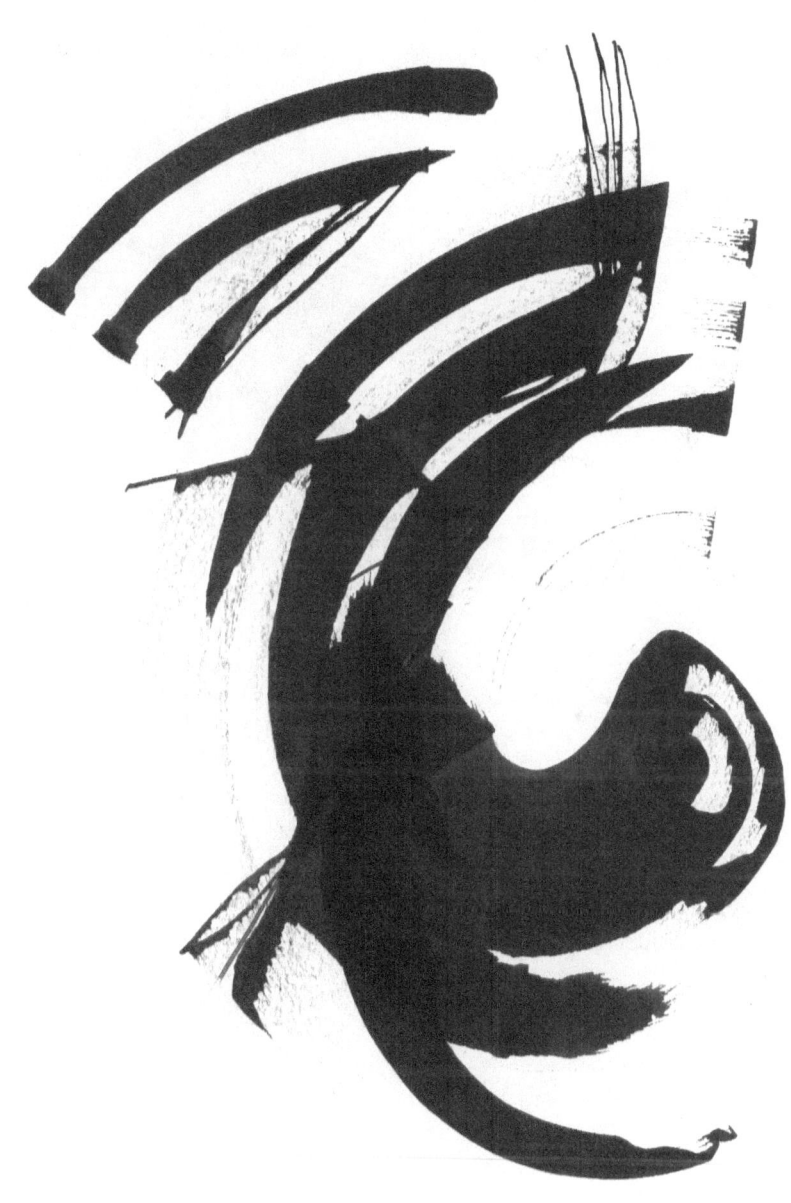

Ciclo 392

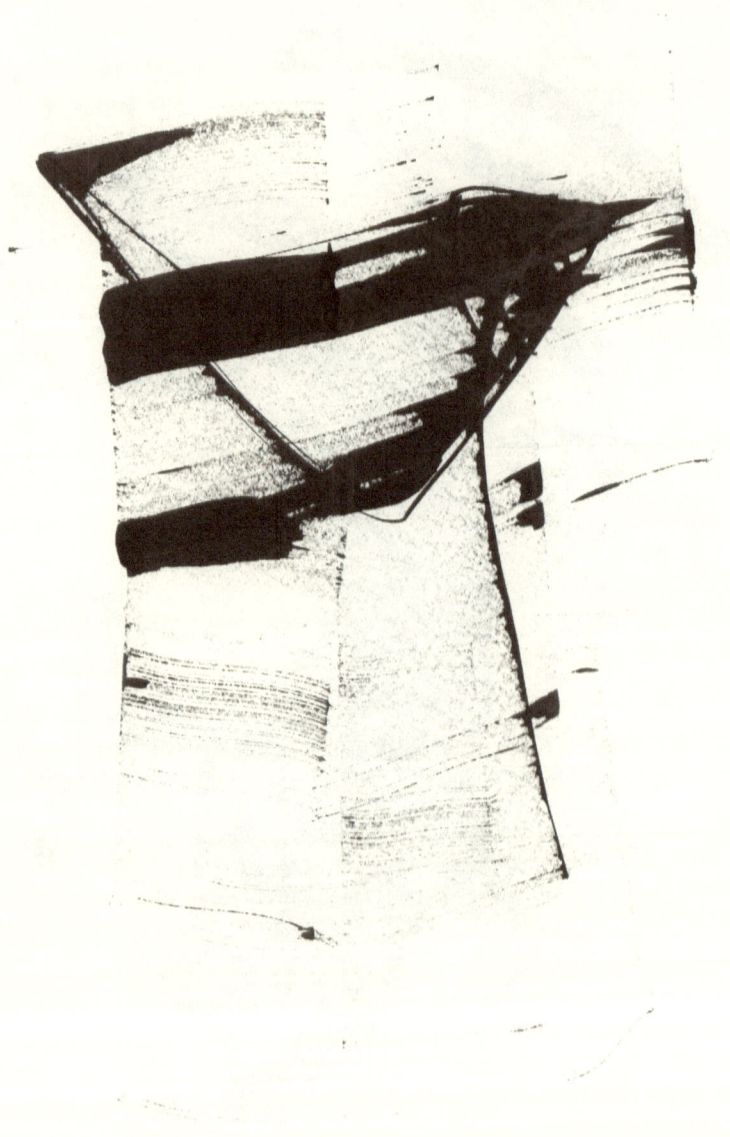

Ciclo 396

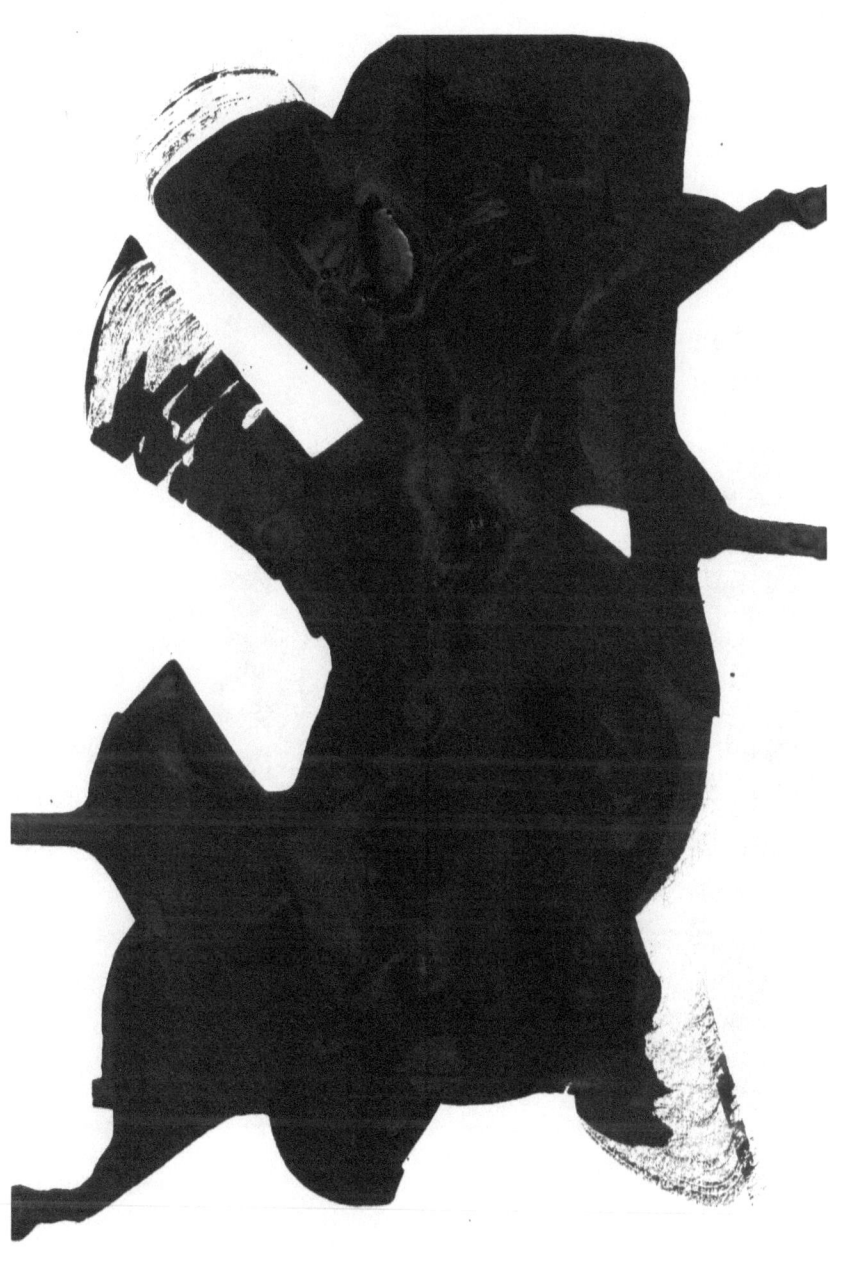

Ciclo 418

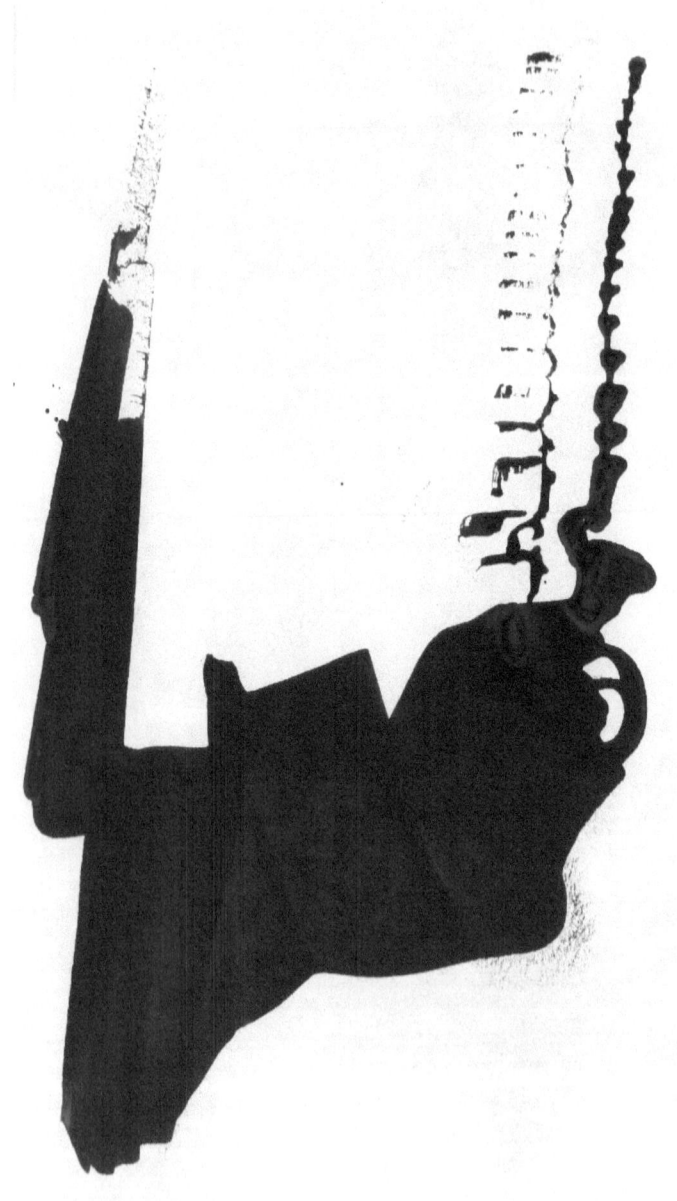

Ciclo 411

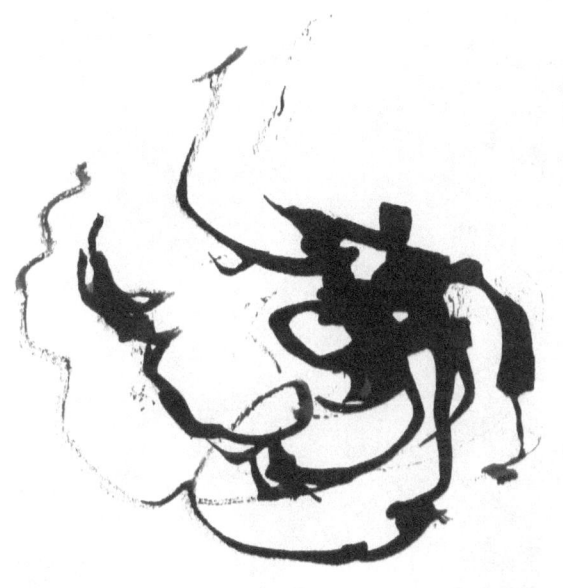

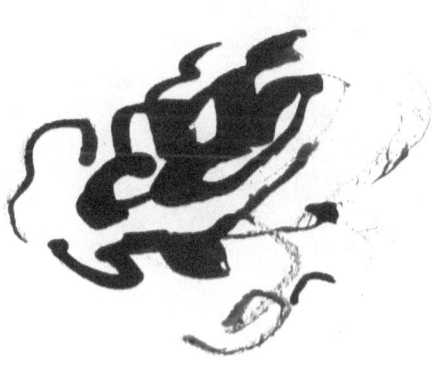

Ciclo 406

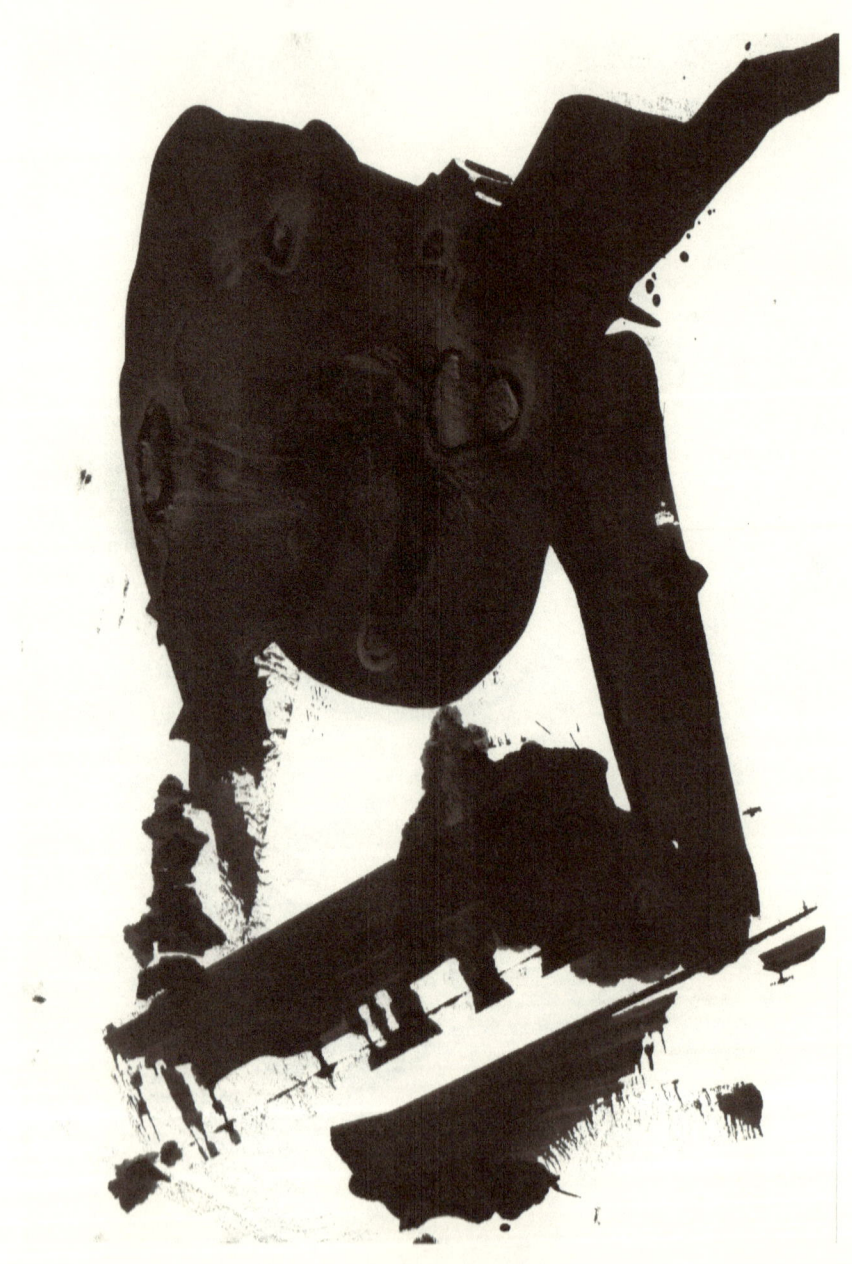

Ciclo 417

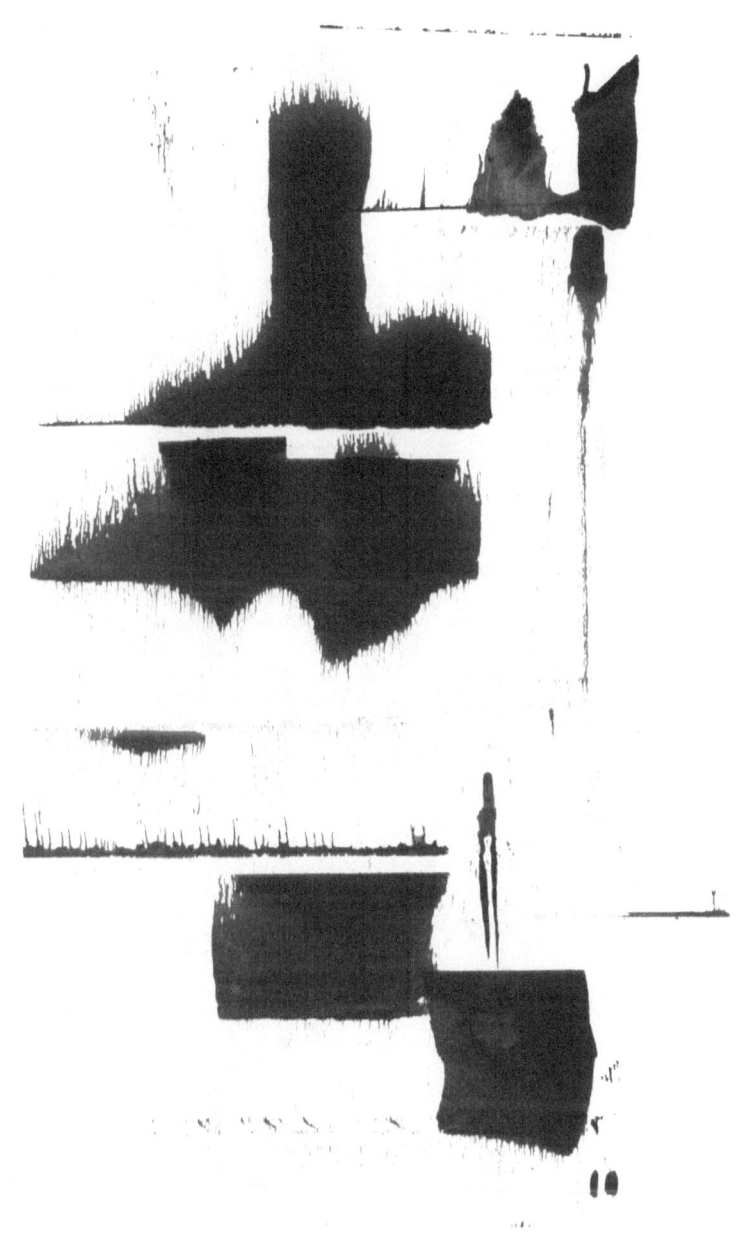

Ciclo 390

Ciclo 391

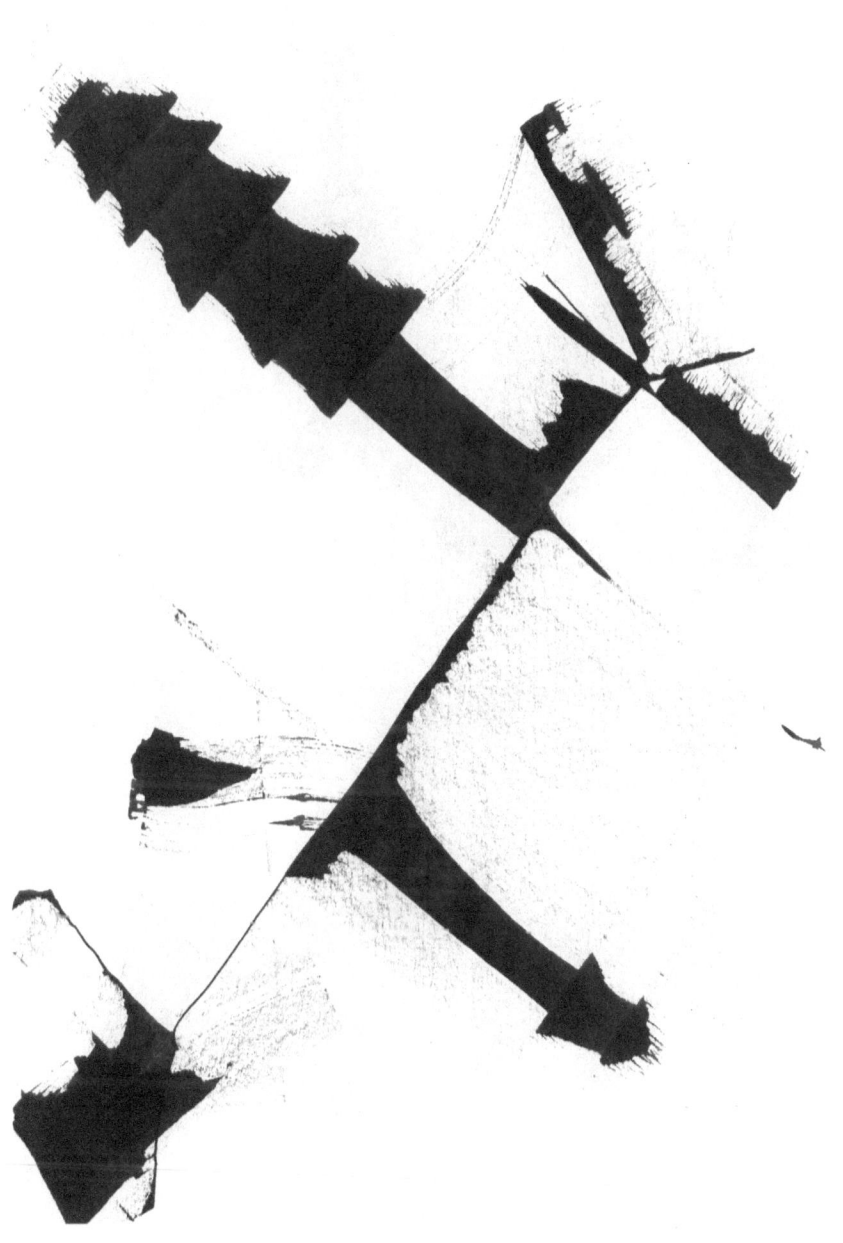

Ciclo 397

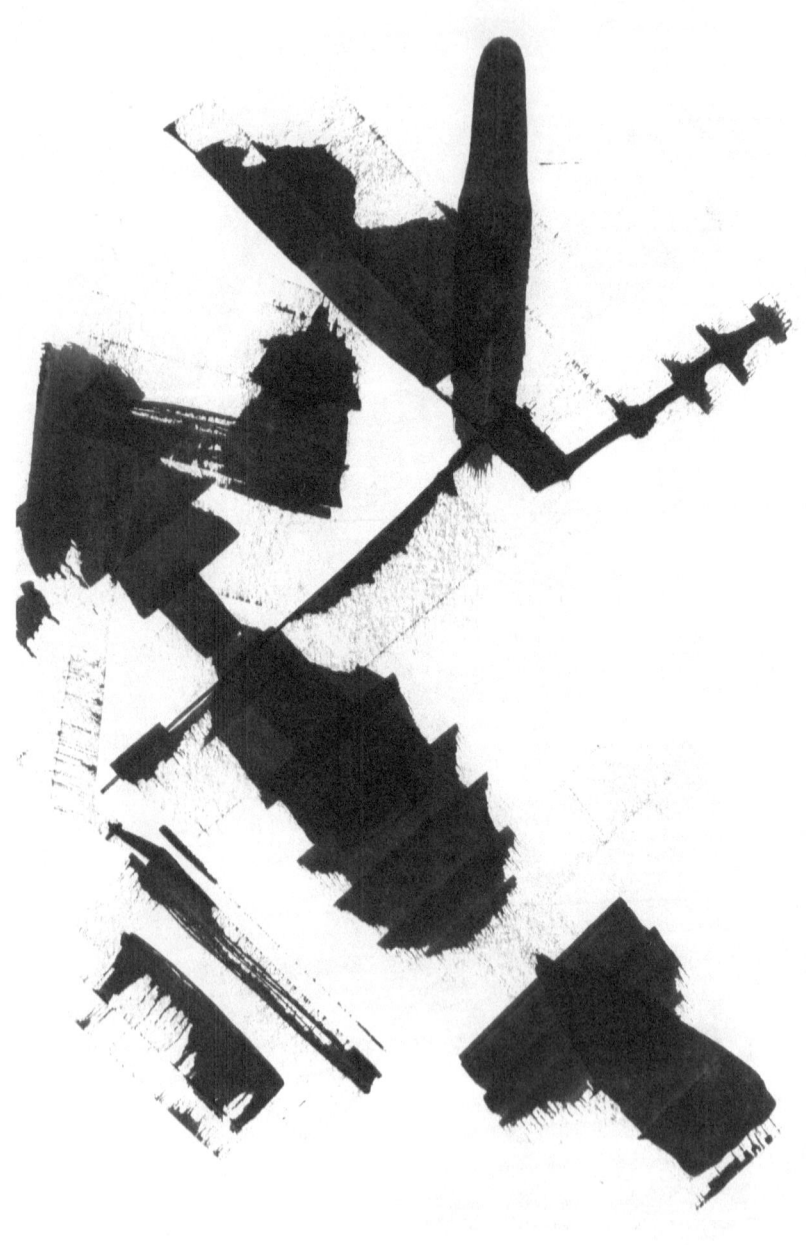

Ciclo 395

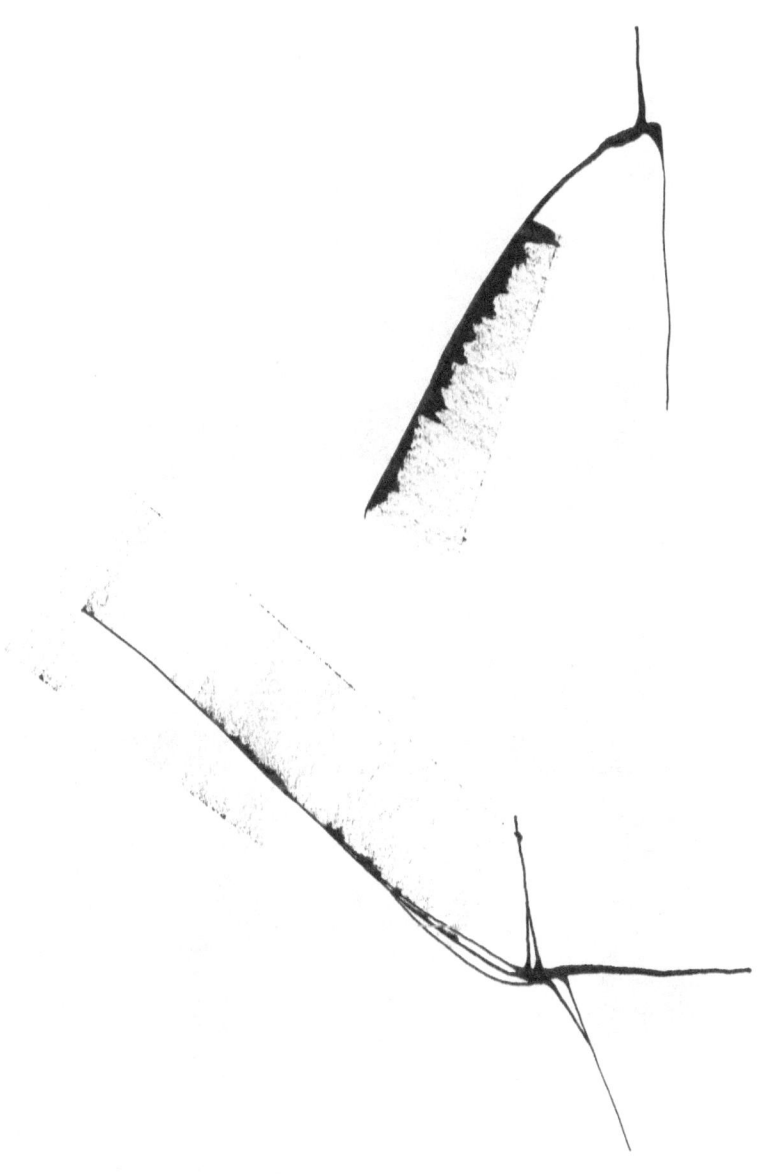

Ciclo 393

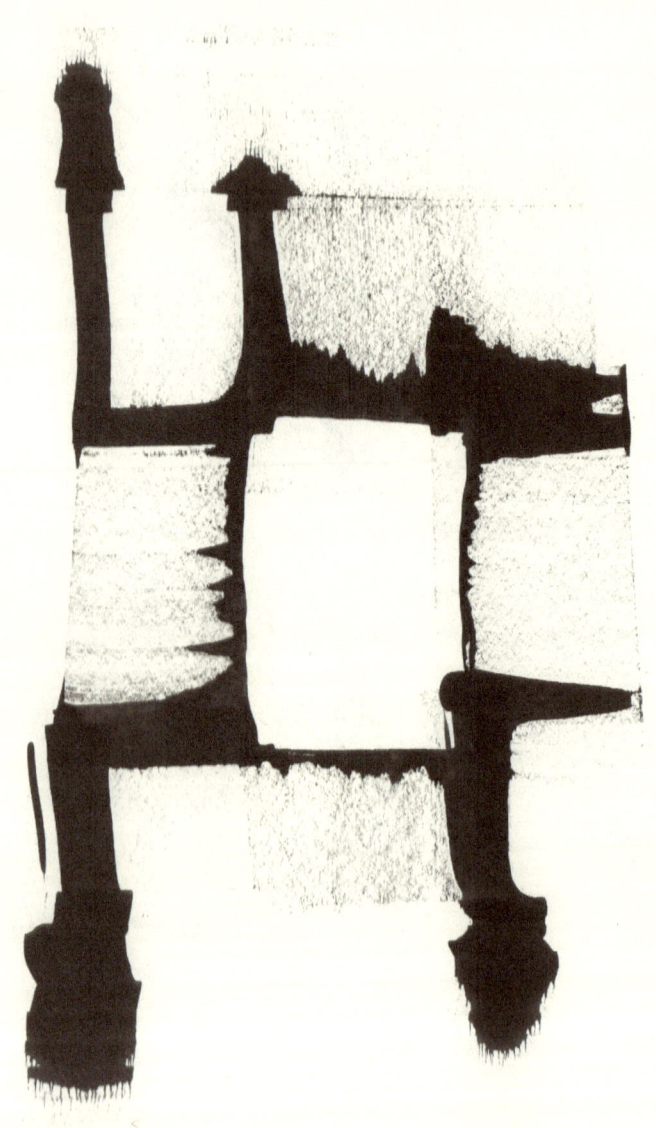

Ciclo 398

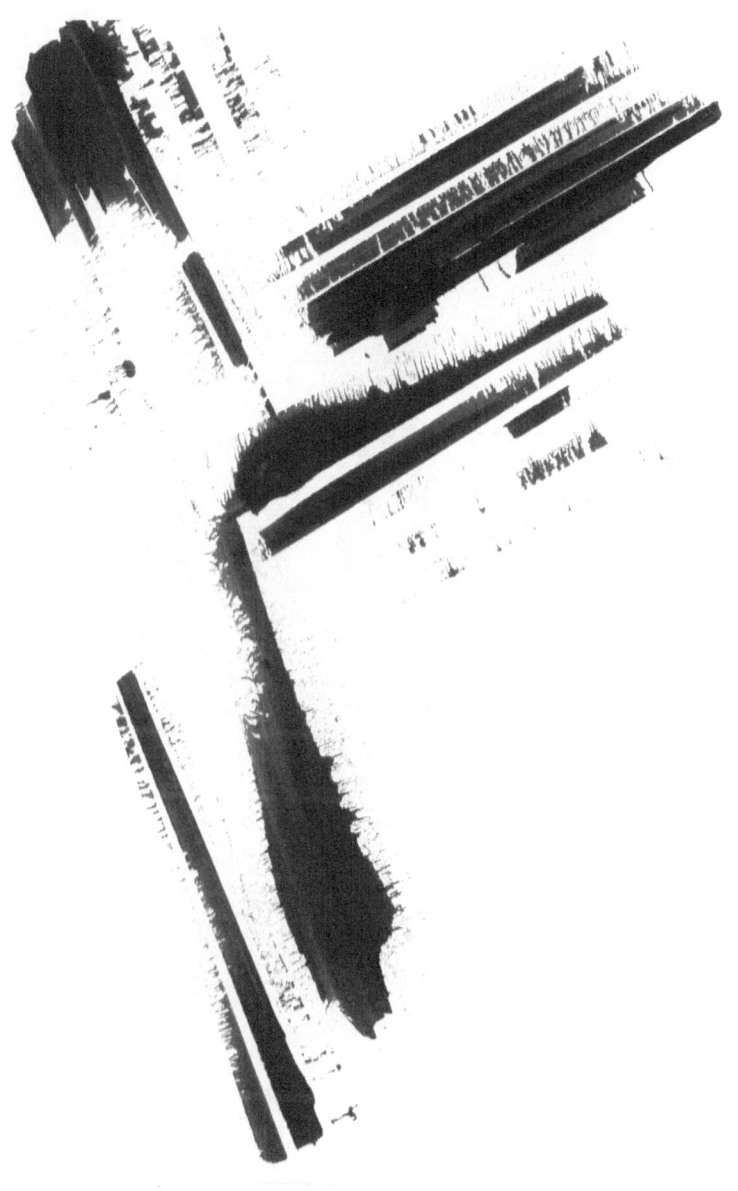

Ciclo 402

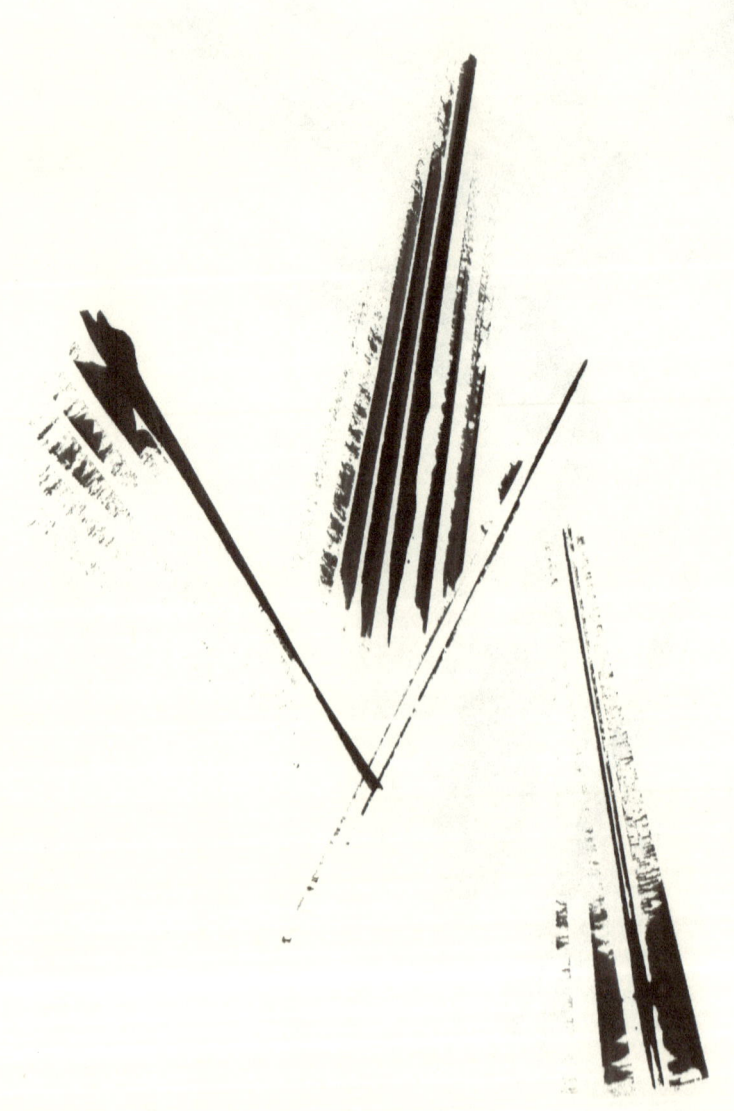

Ciclo 401

Ciclo 404

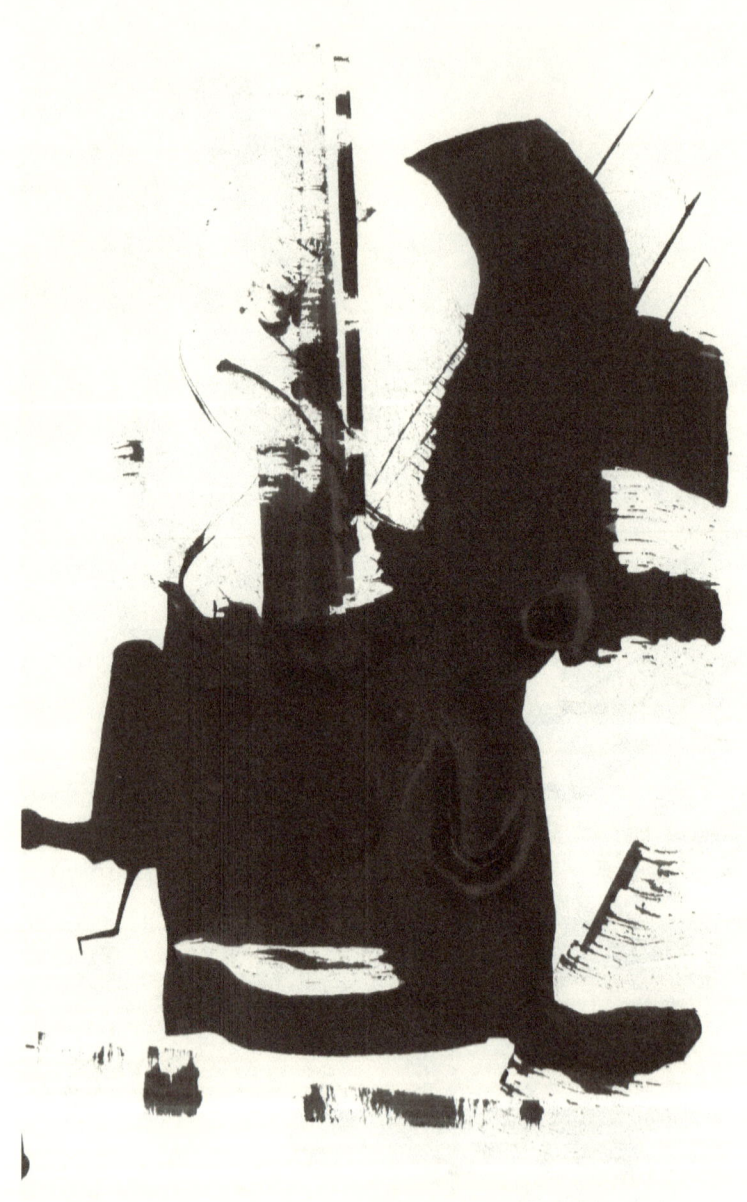

Ciclo 577

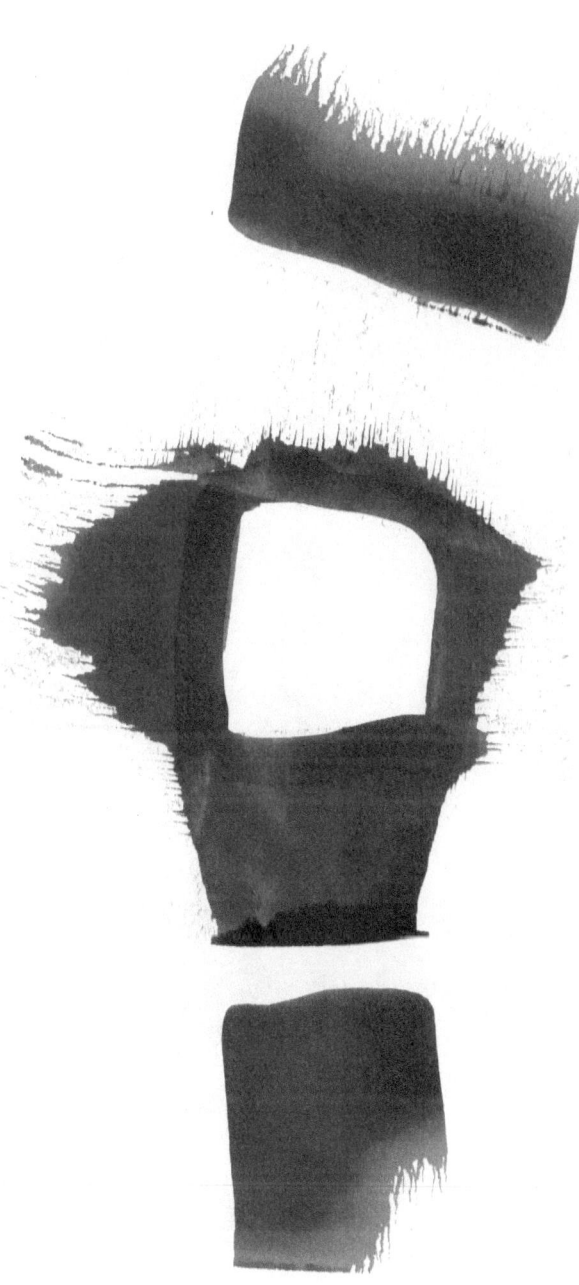

Ciclo 600

Ciclo 601

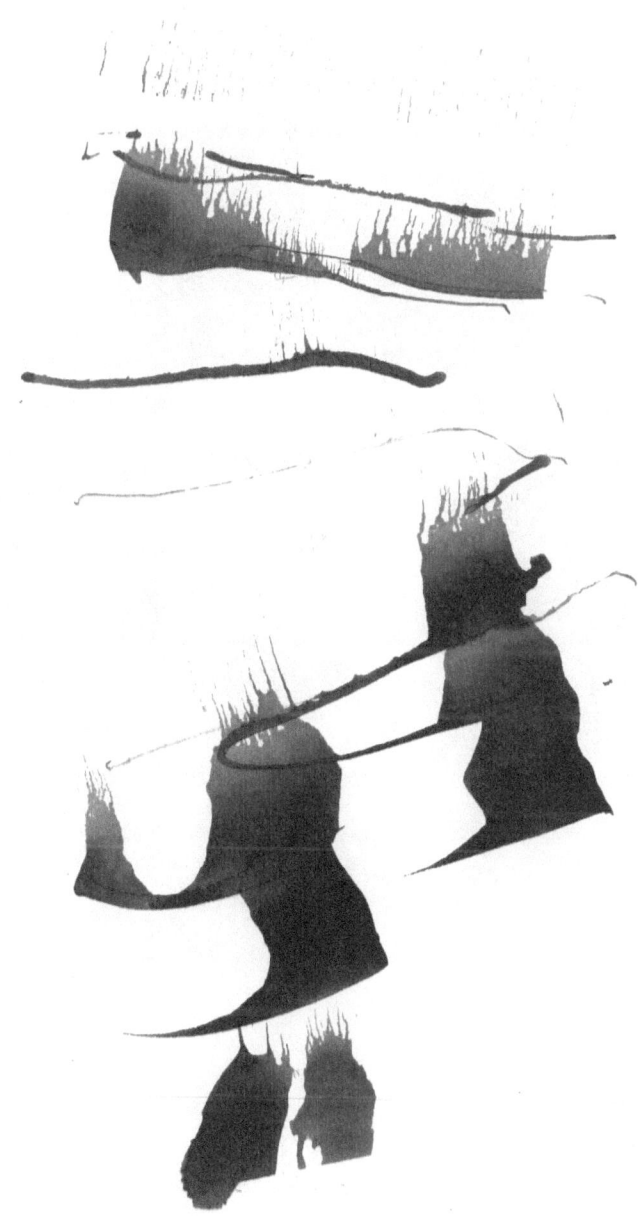

Ciclo 602

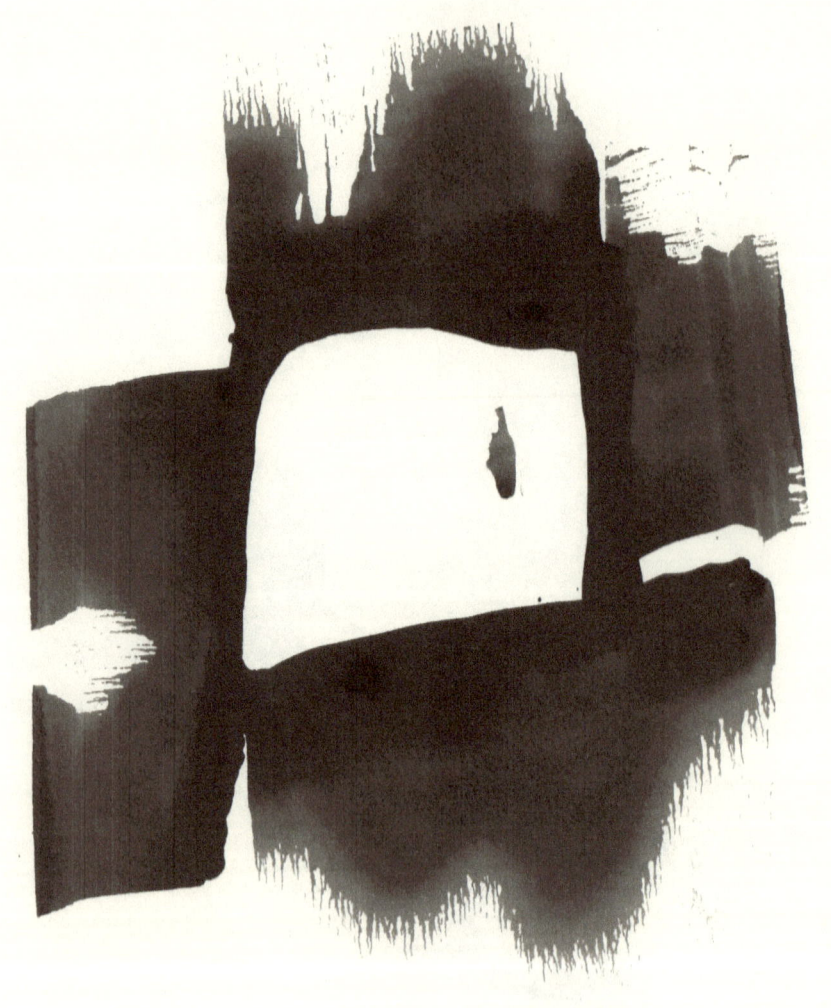
Ciclo 603

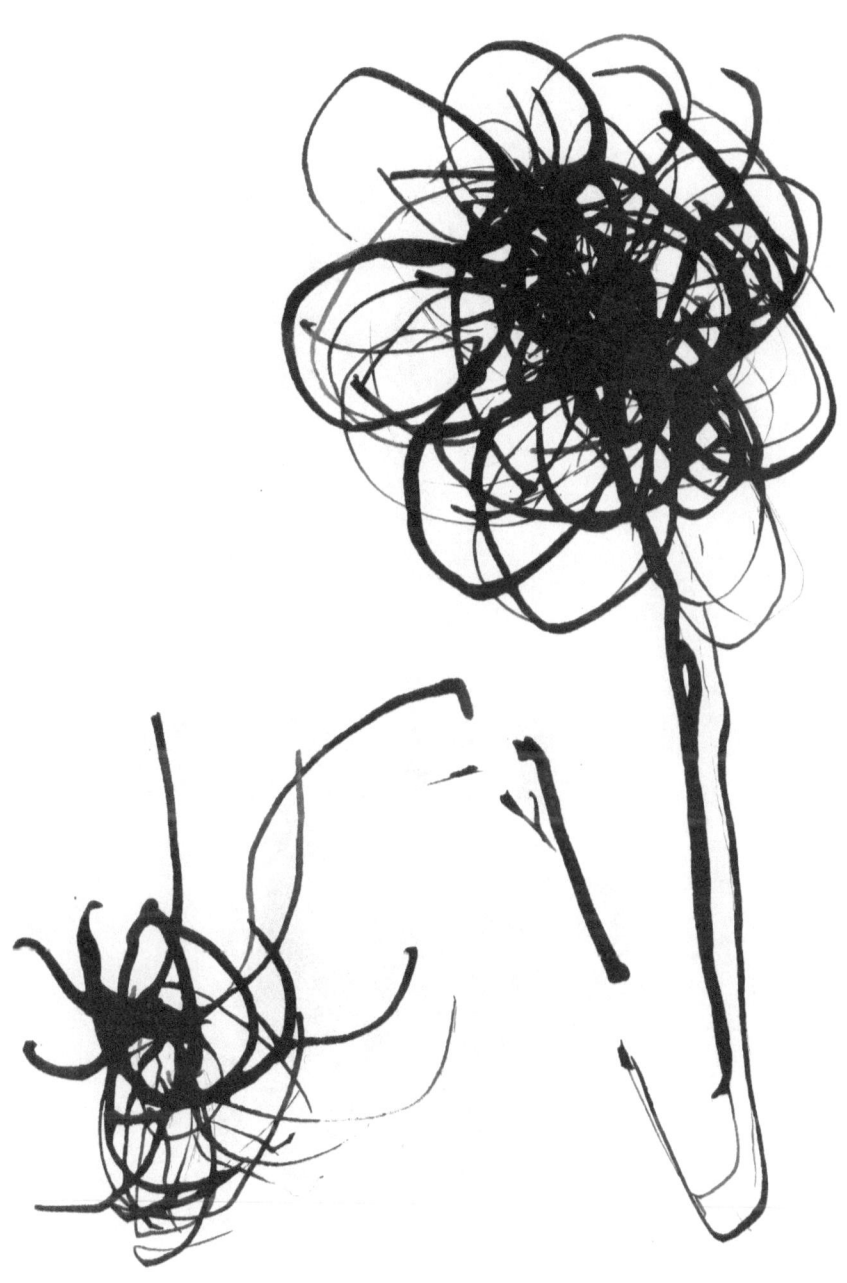

Ciclo 604

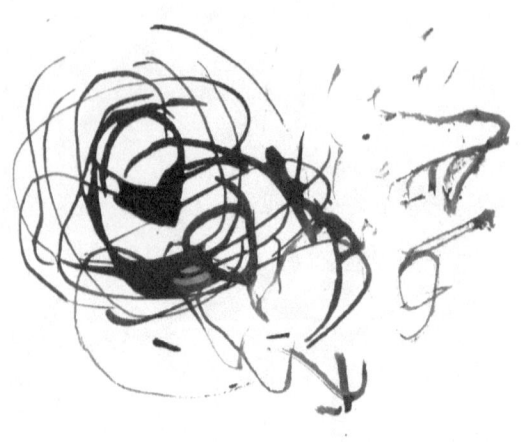

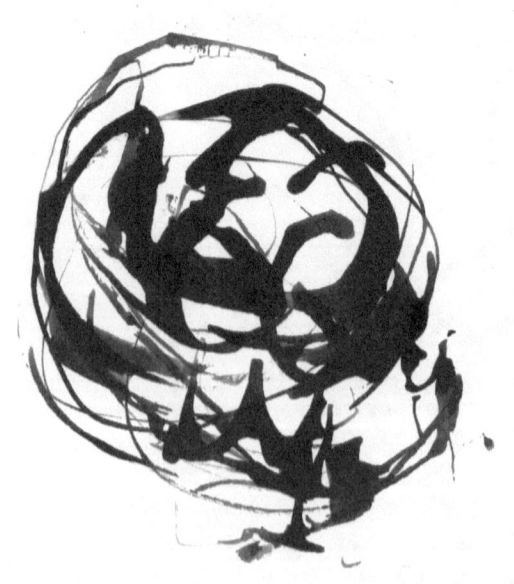

Ciclo 605

Ciclo 606

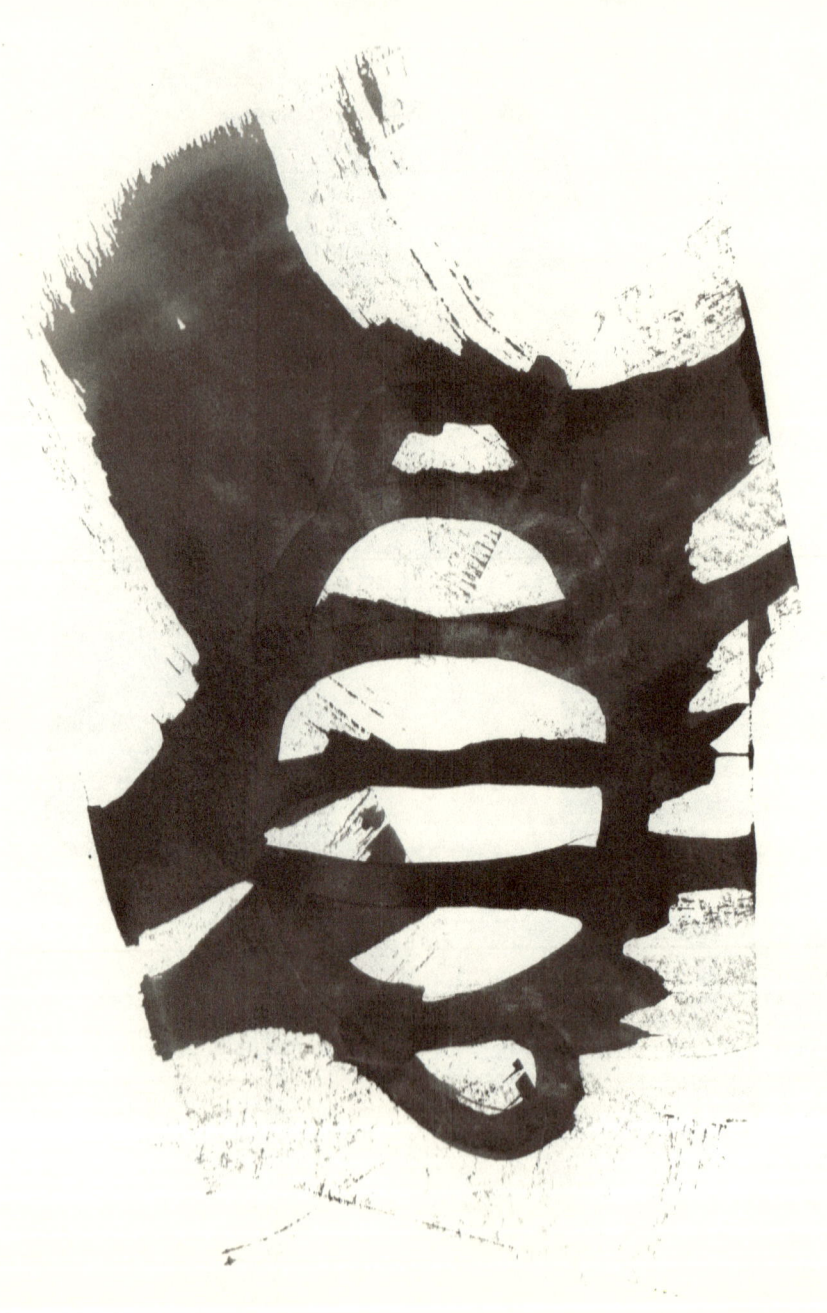

Ciclo 607

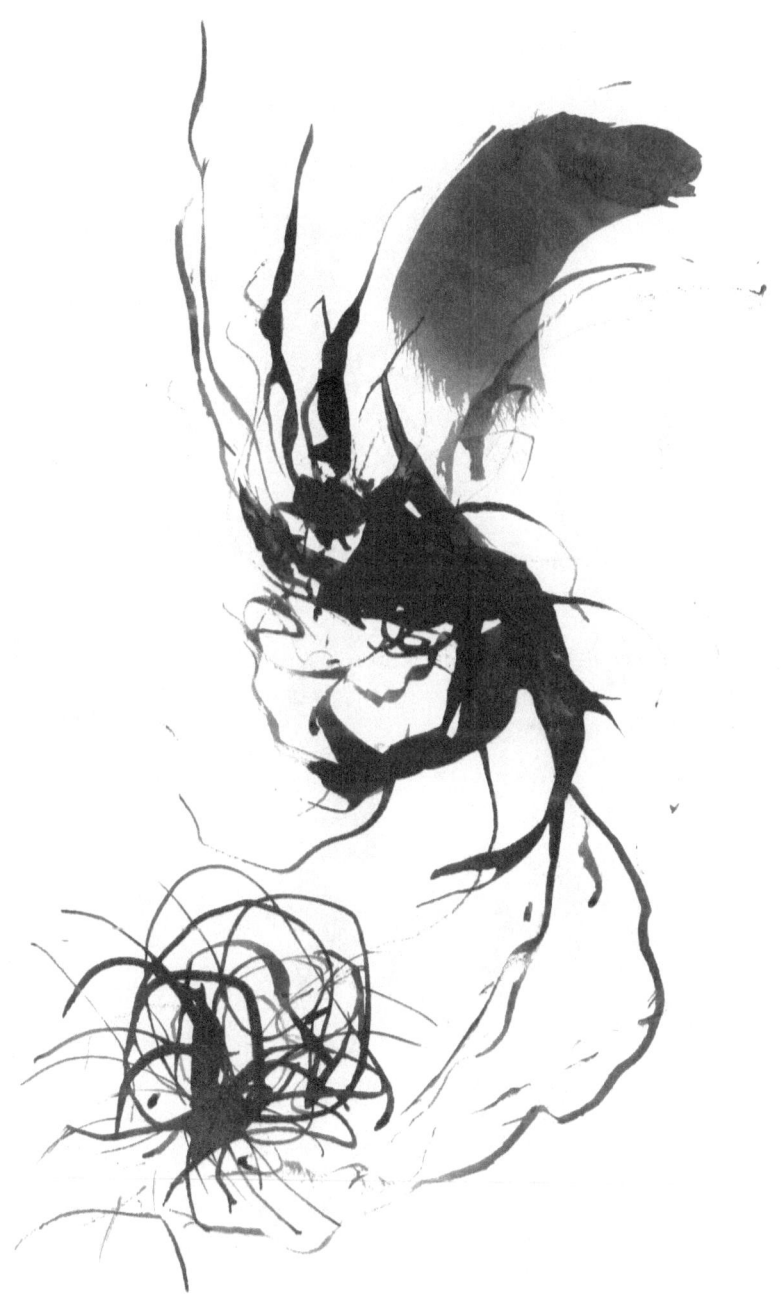

Ciclo 608

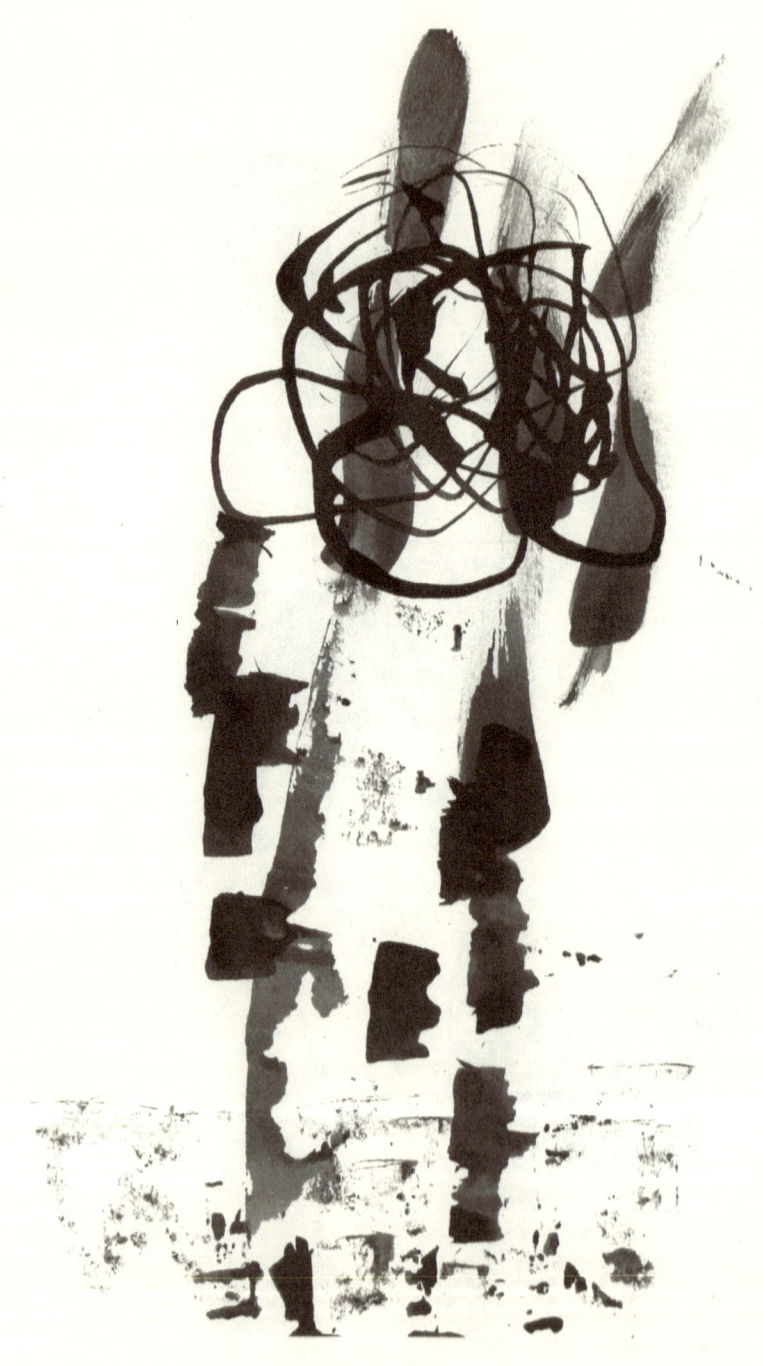

Ciclo 609

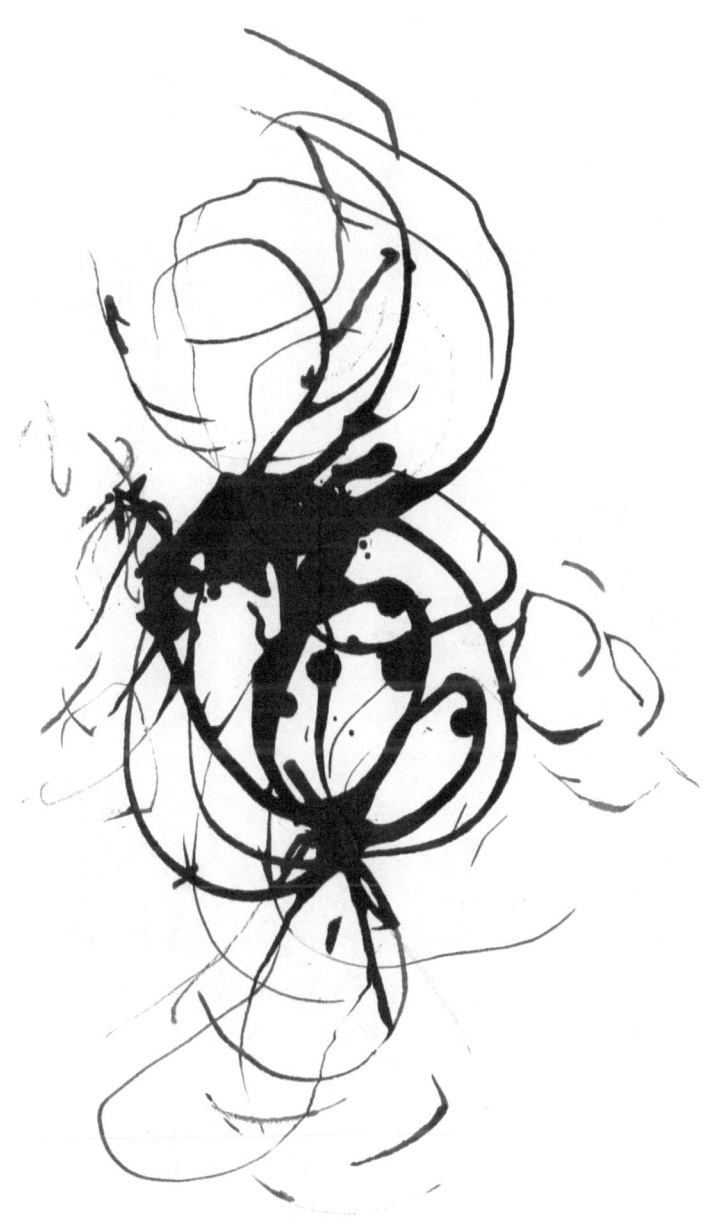

Ciclo 610

Ciclo 611

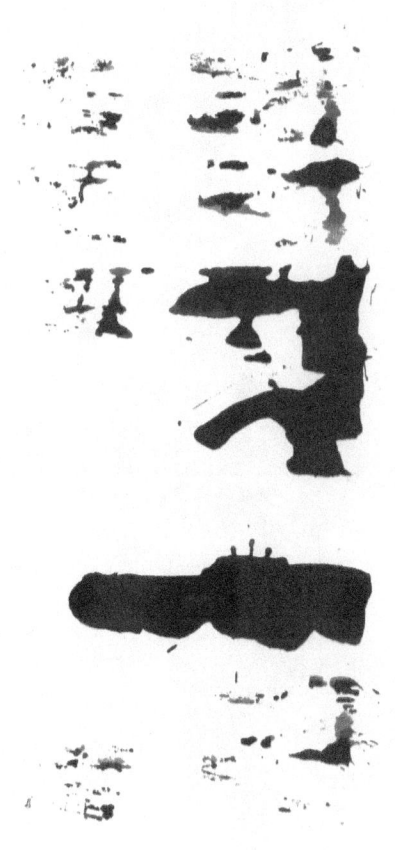

Ciclo 612

Ciclo 613

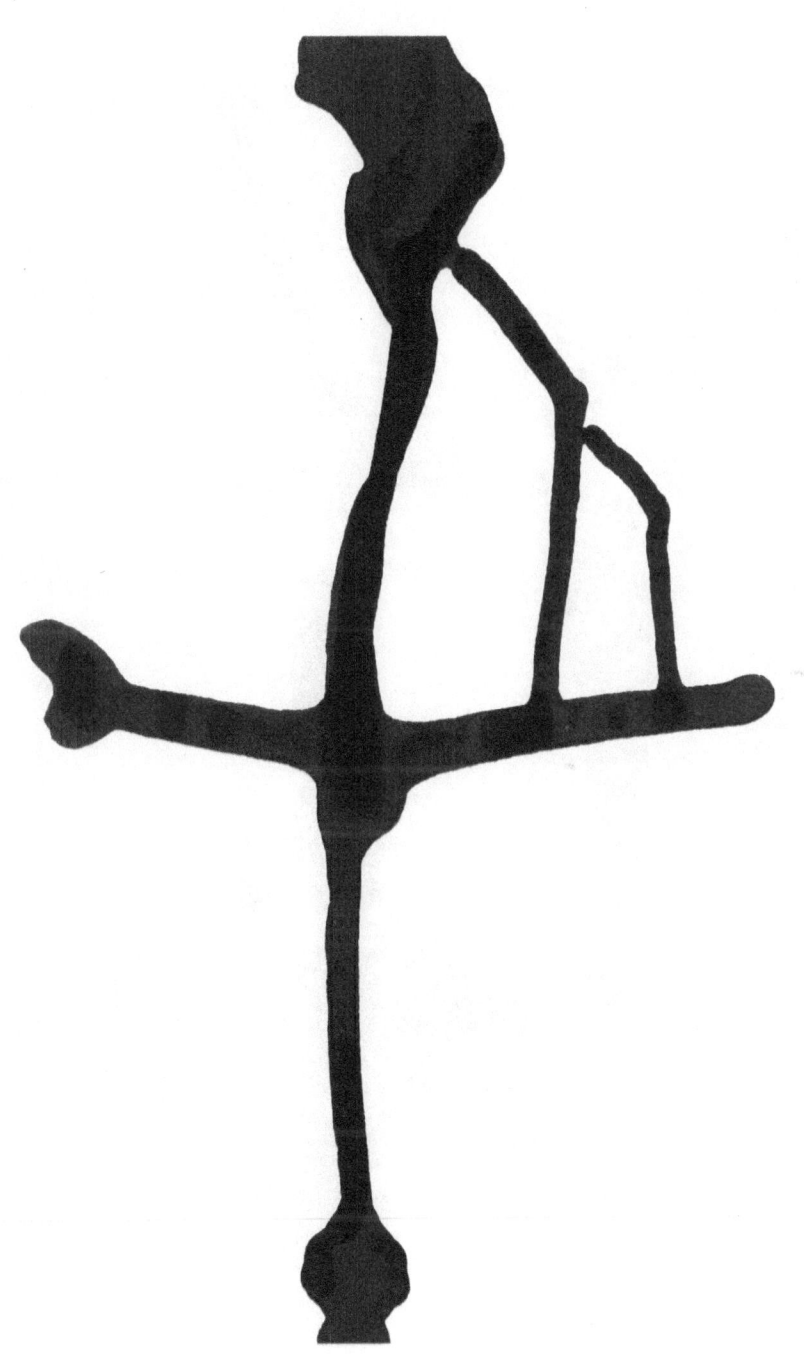

Ciclo 614

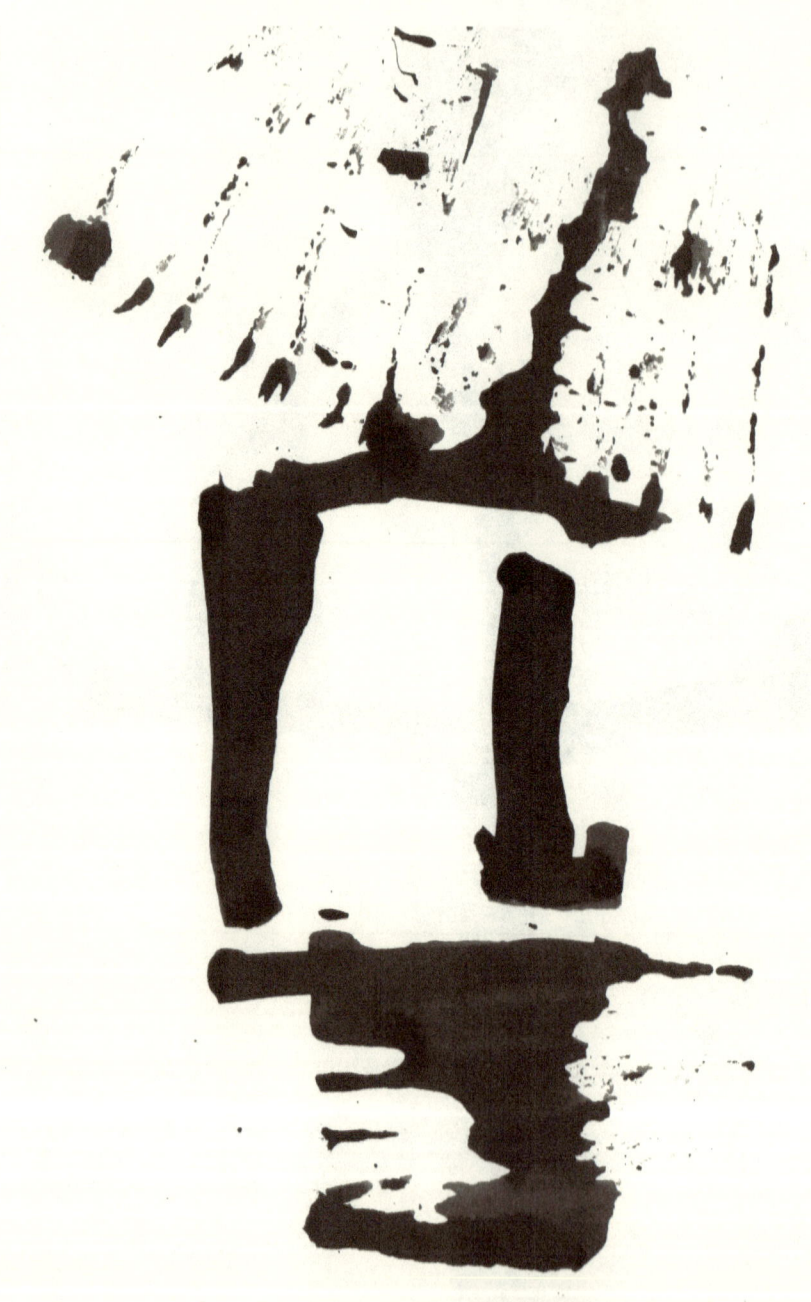

615

Ciclo 616

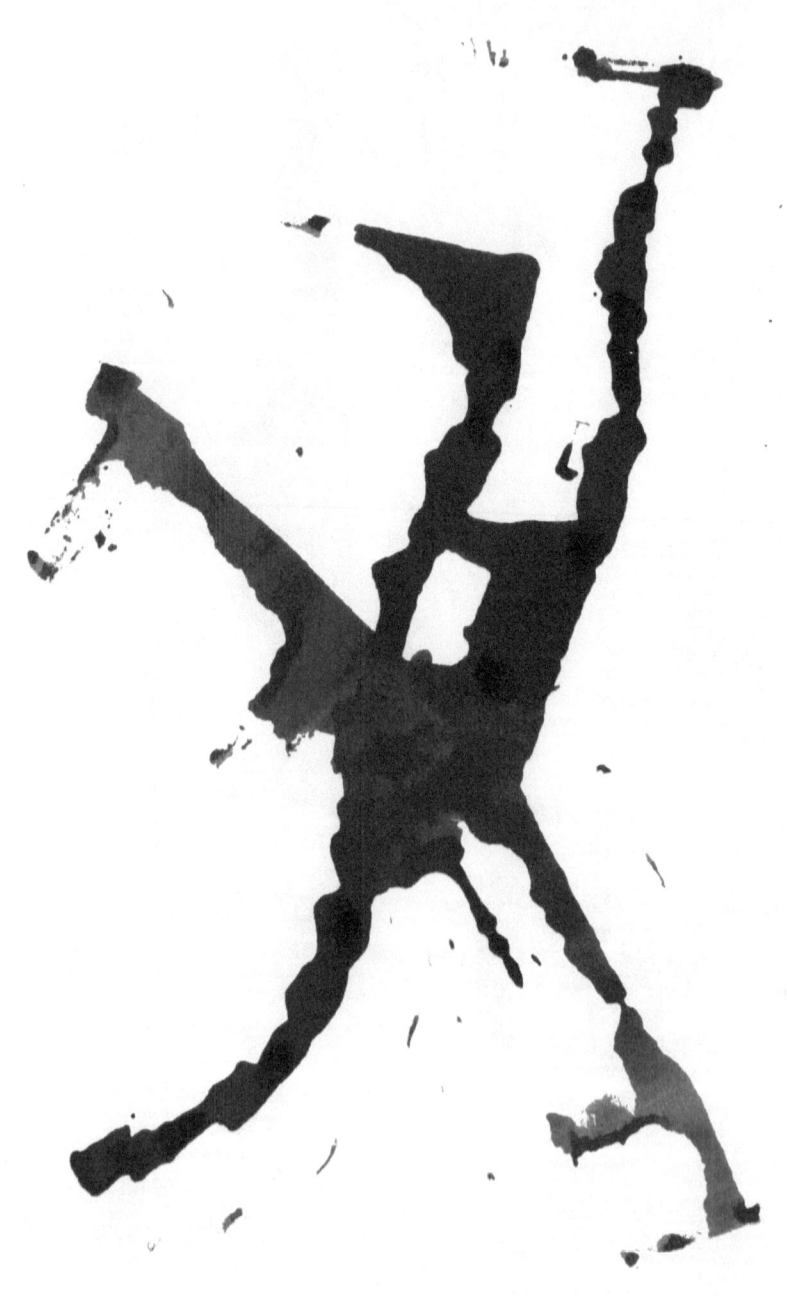

Ciclo 617

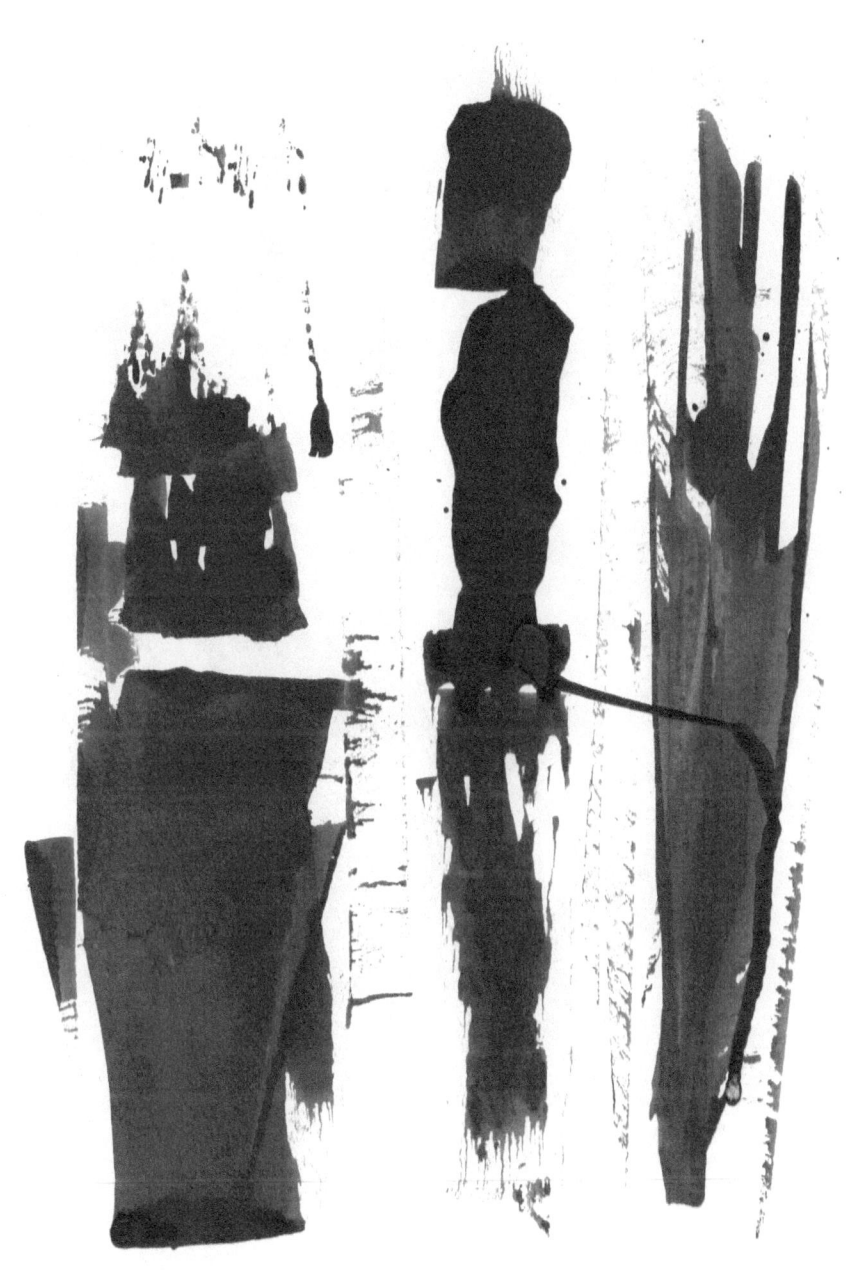

Ciclo 618

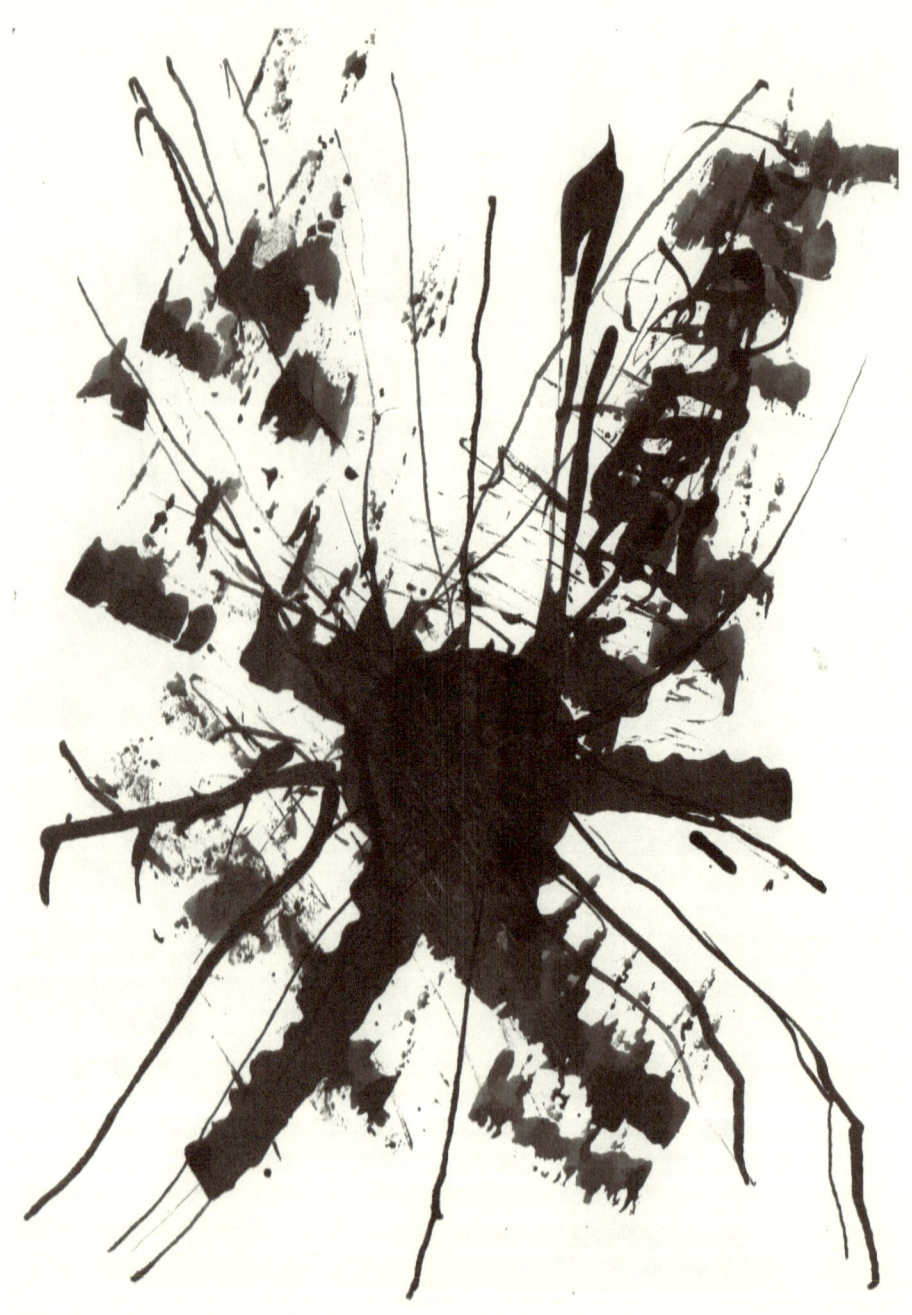

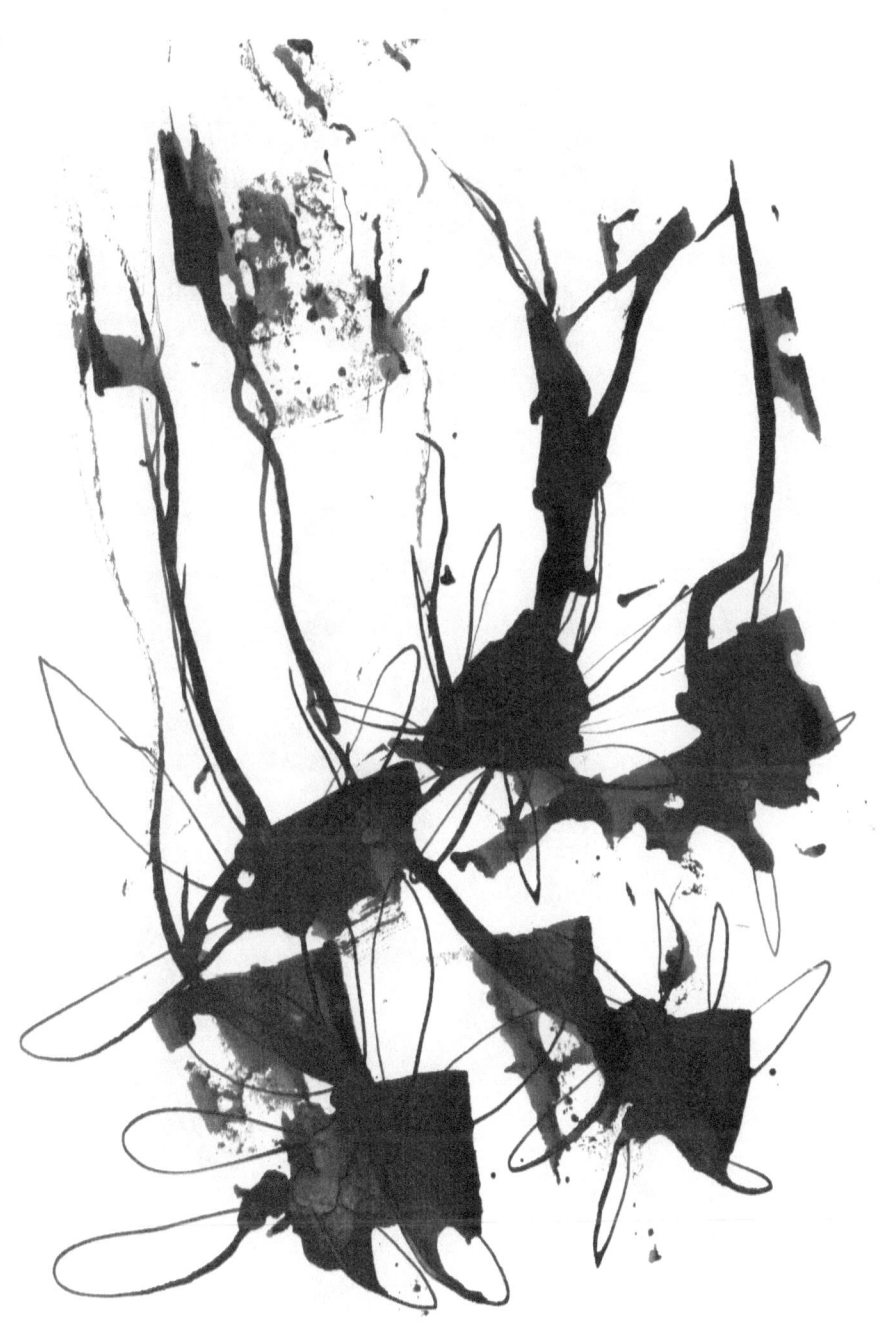

Ciclo 620

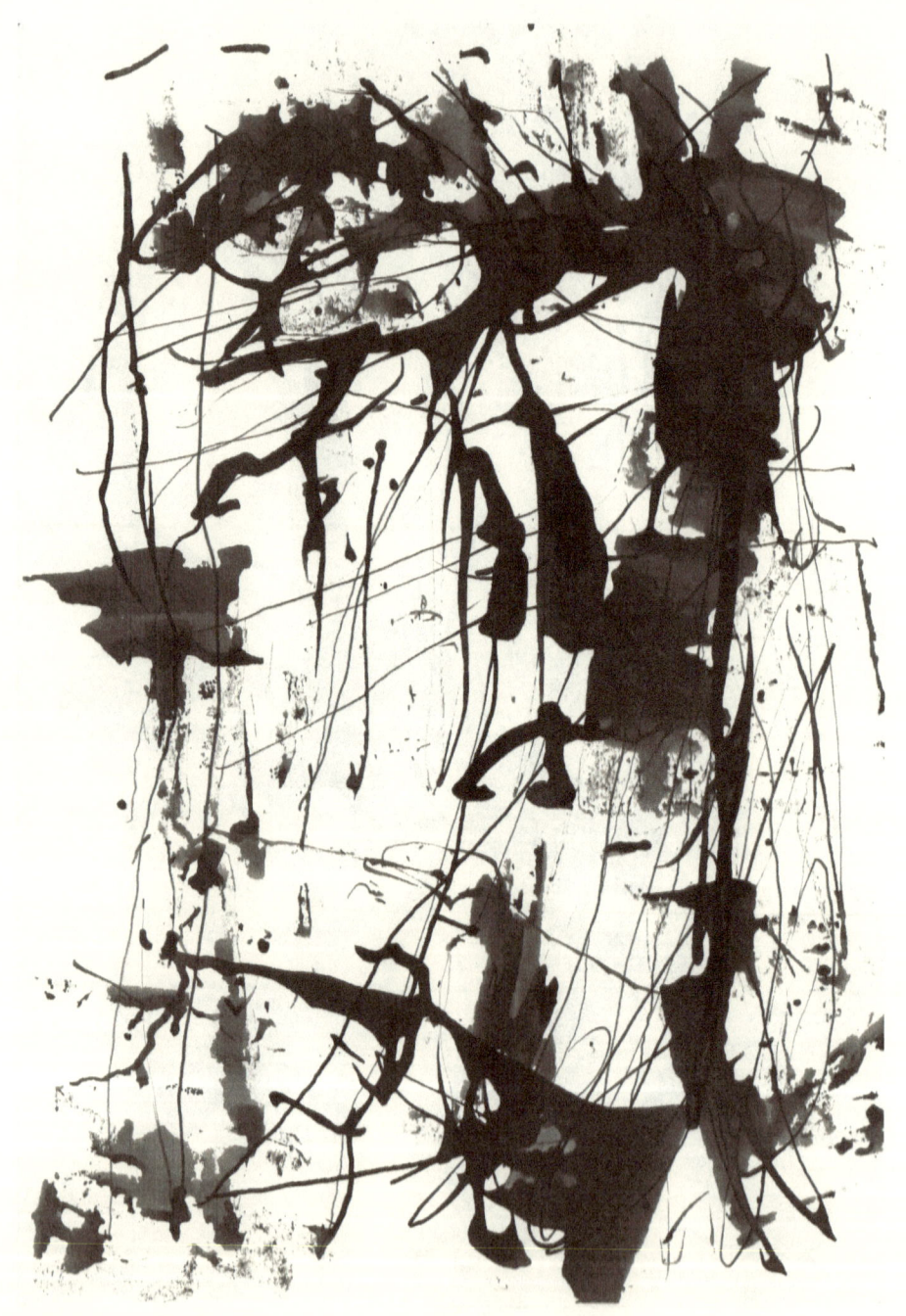

Ciclo 621

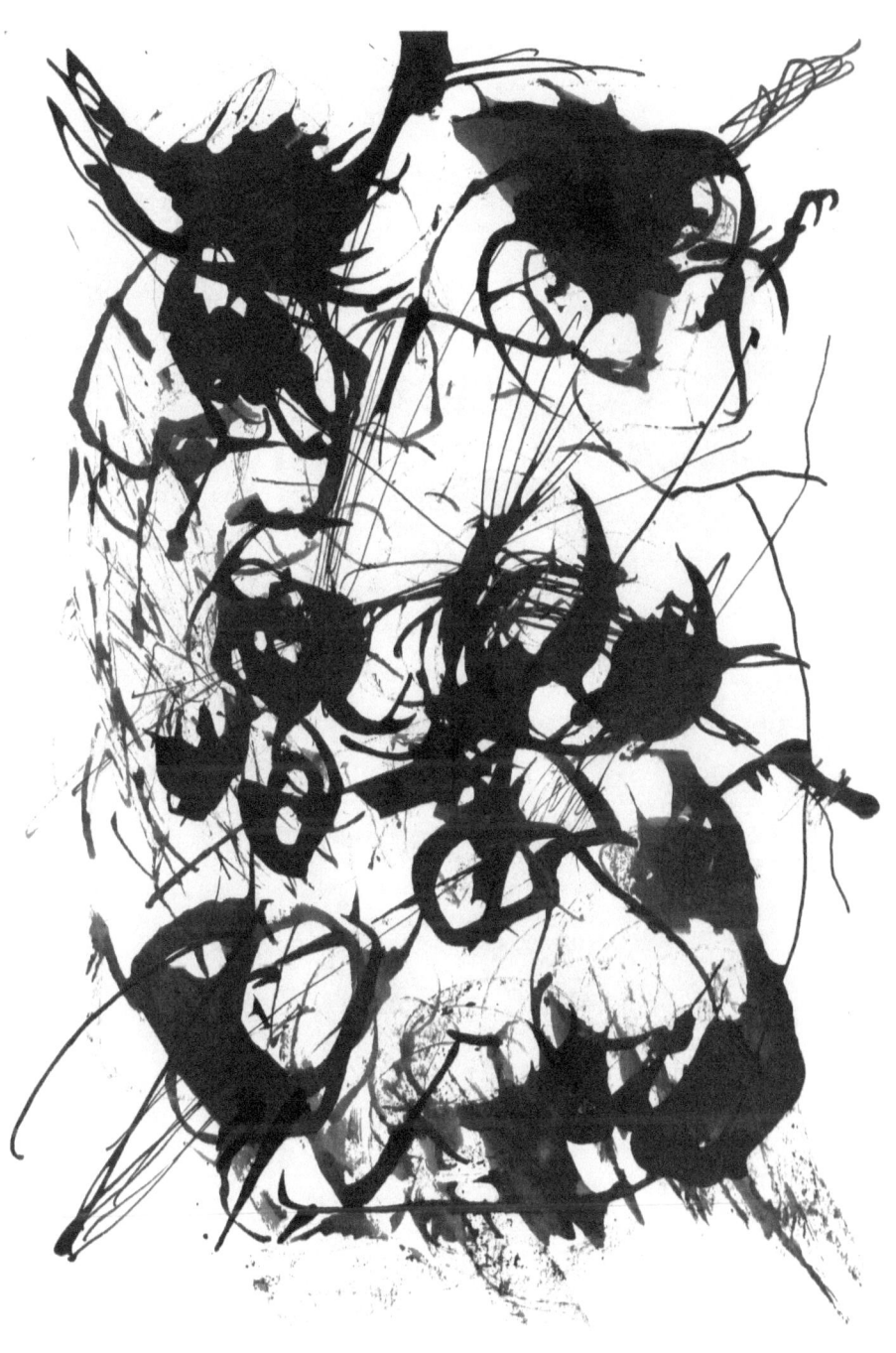

Ciclo 622

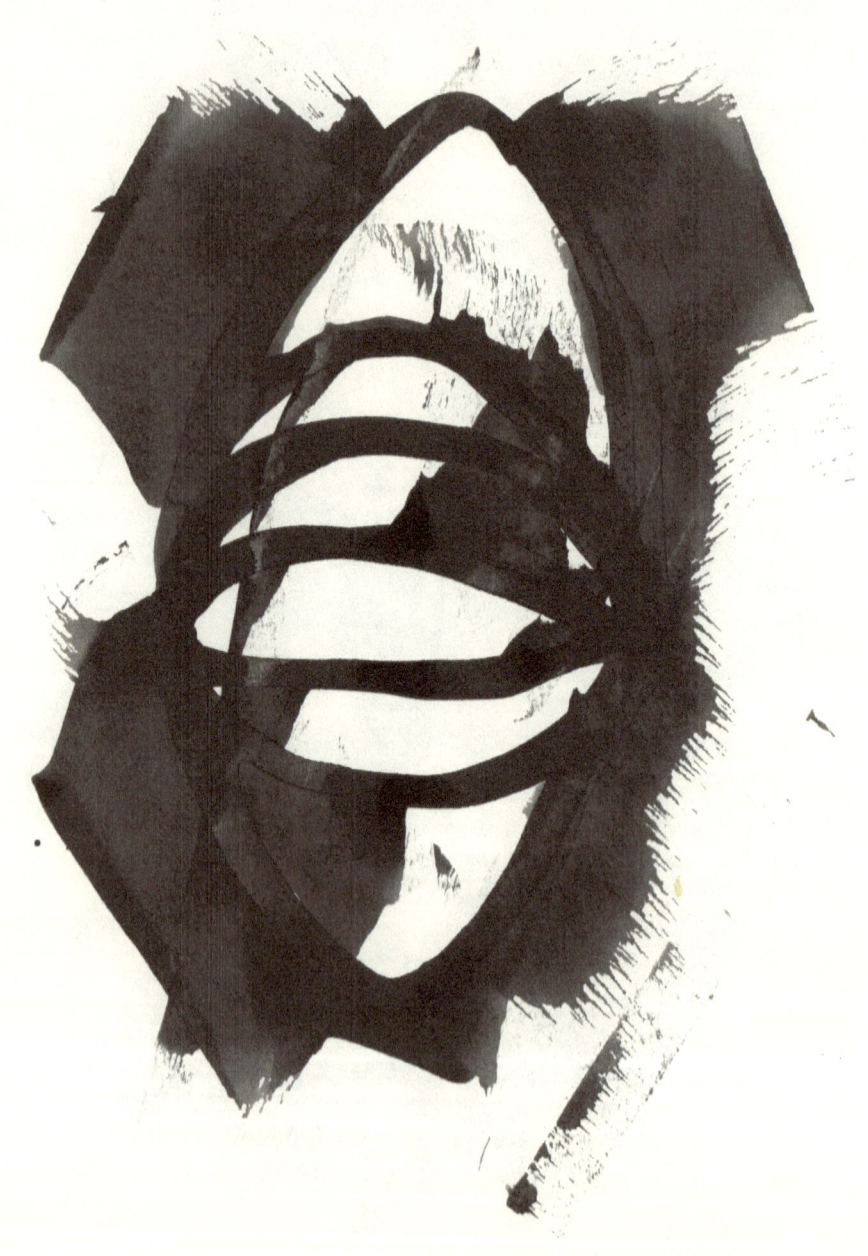

Ciclo 625

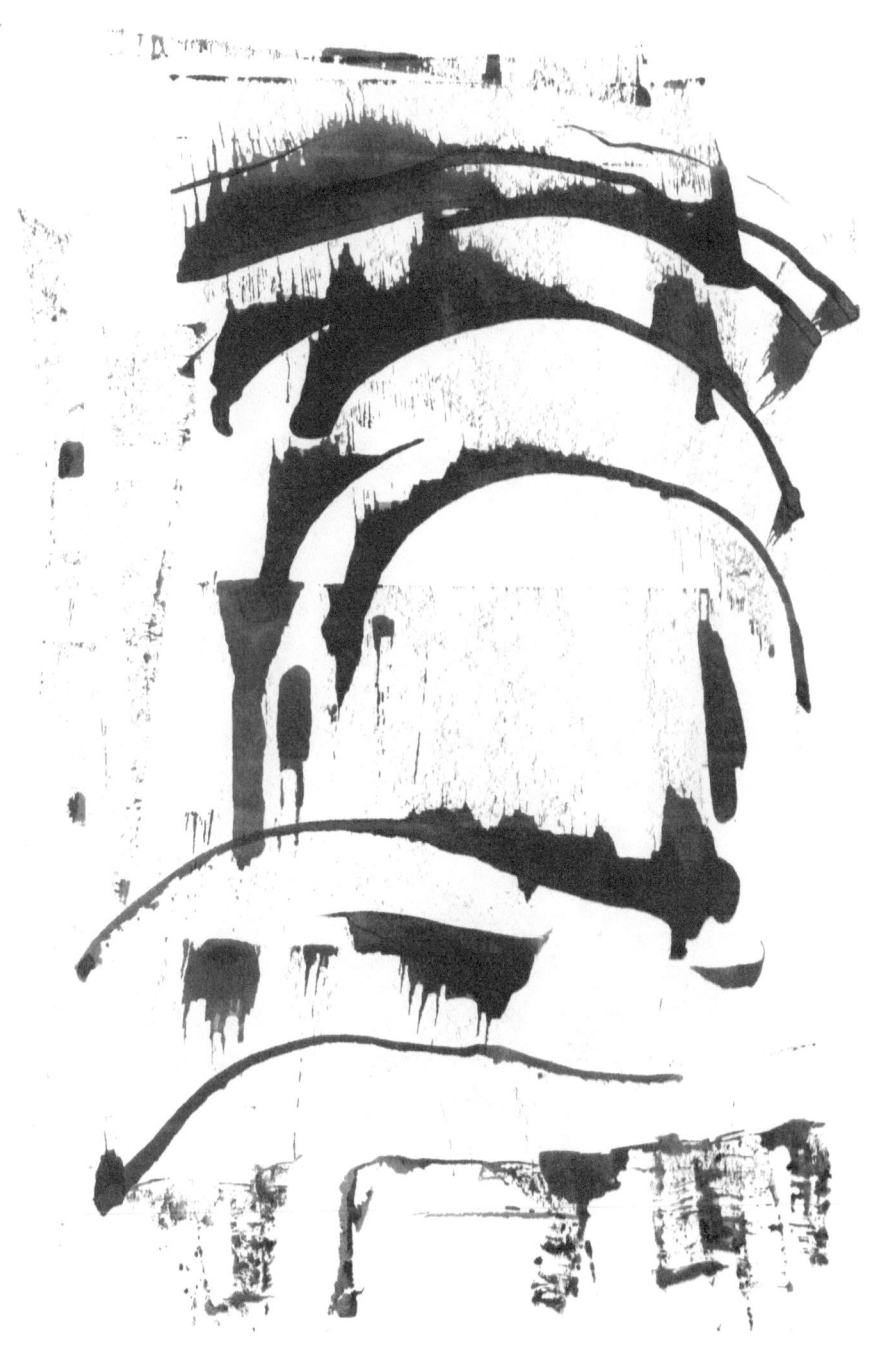

Ciclo 634

Ciclo 641

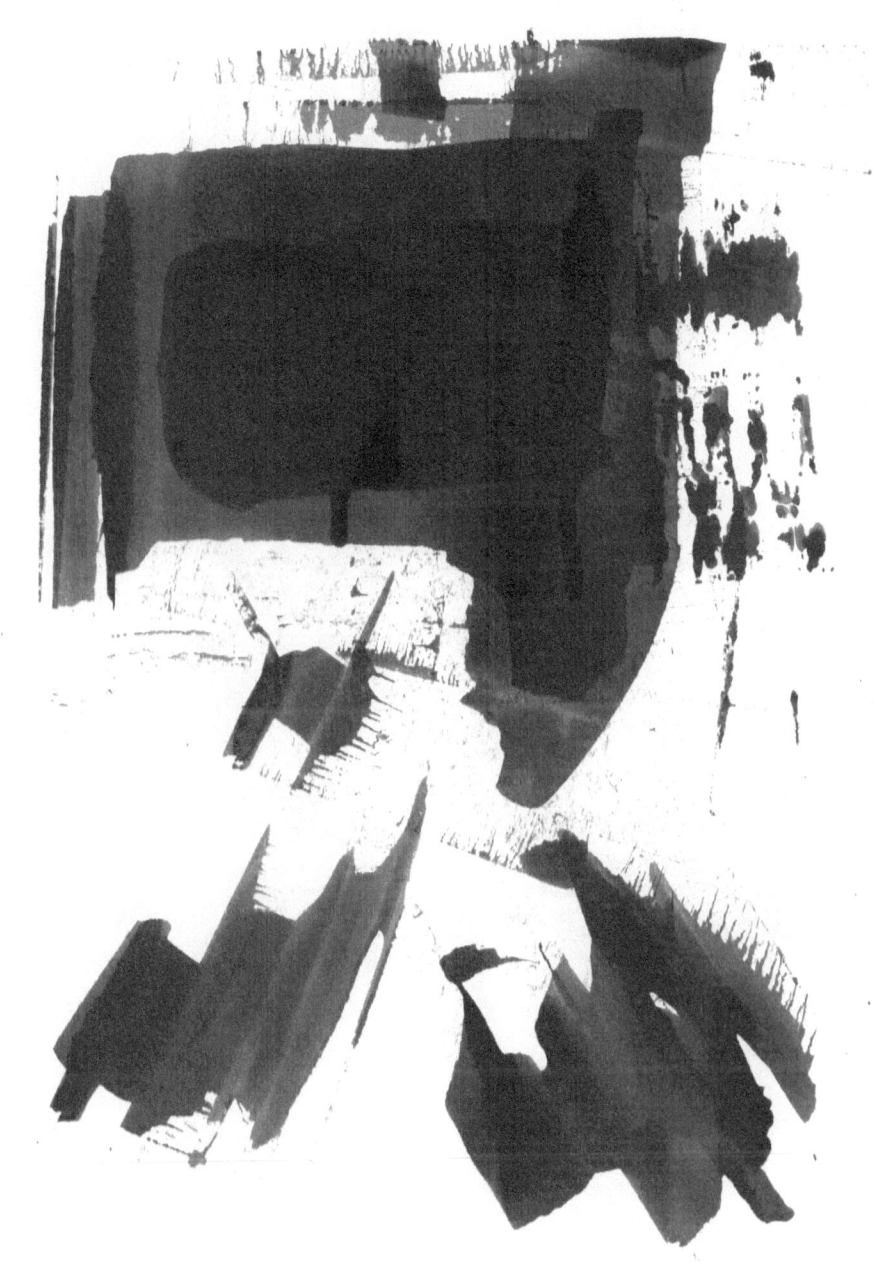

Ciclo 642

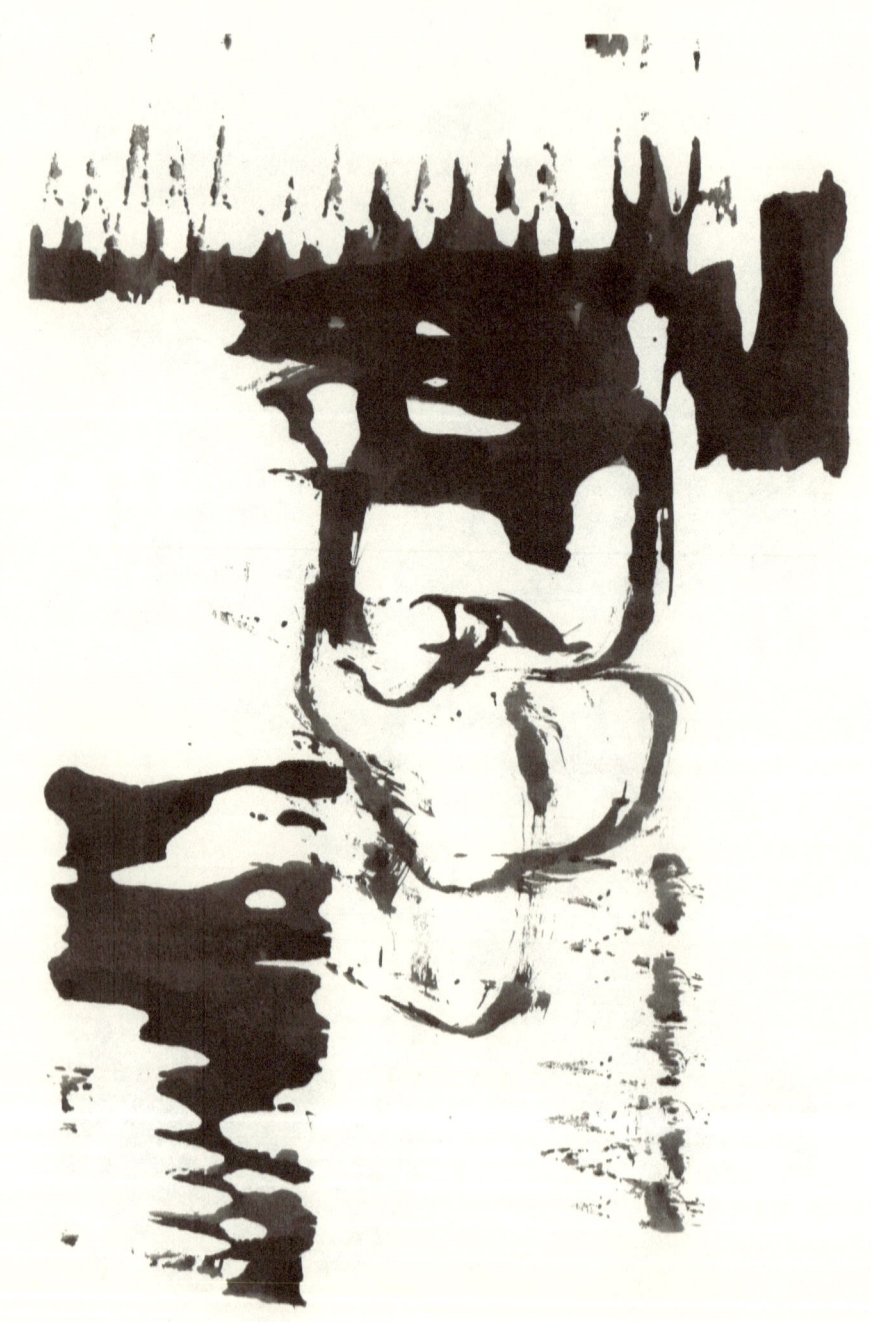

Ciclo 643

Ciclo 645

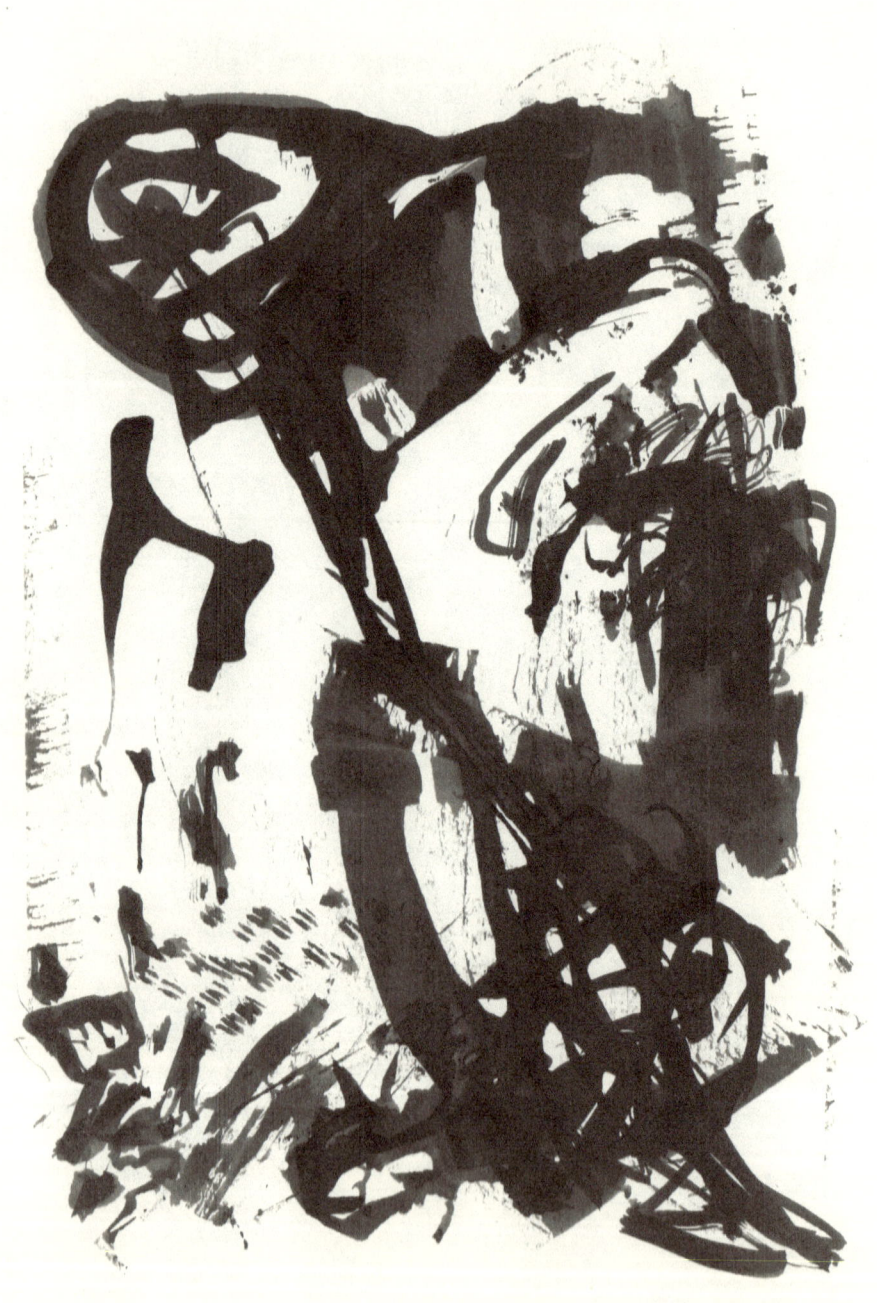

Ciclo 649

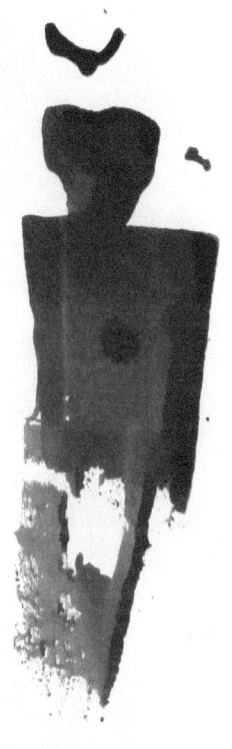

Ciclo 651

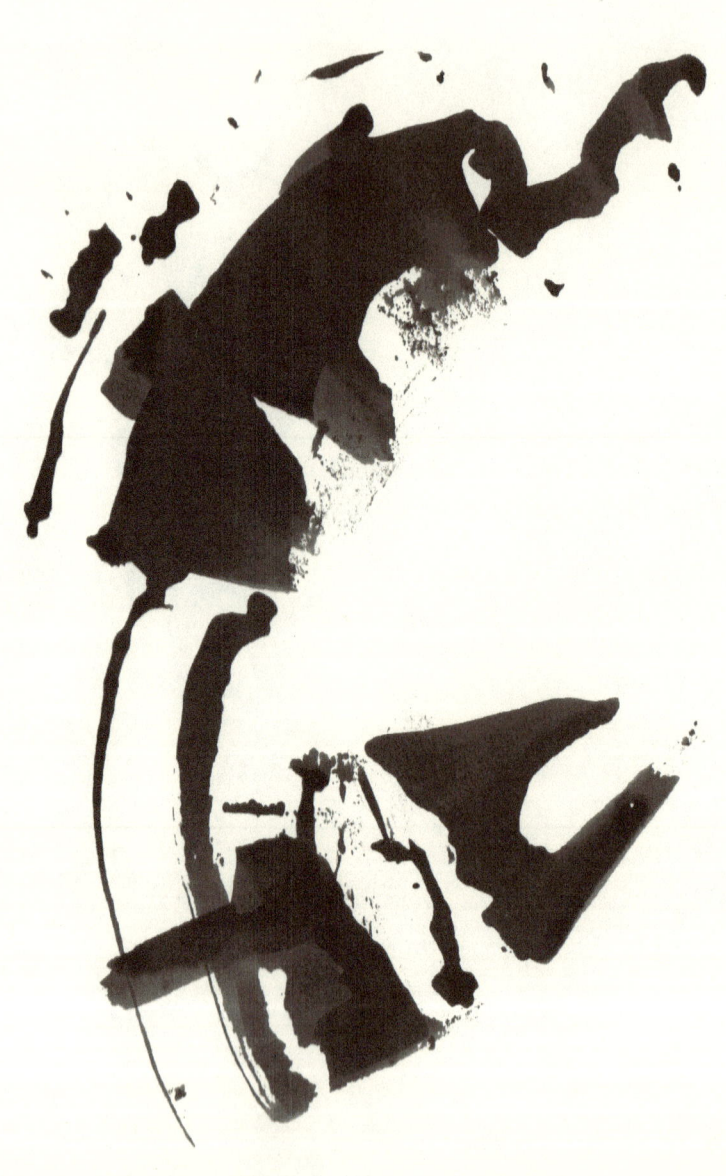

Ciclo 652

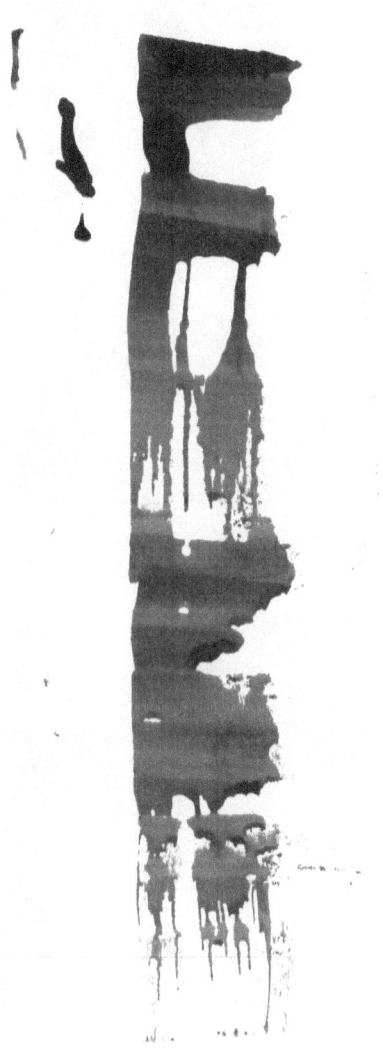

Ciclo 653

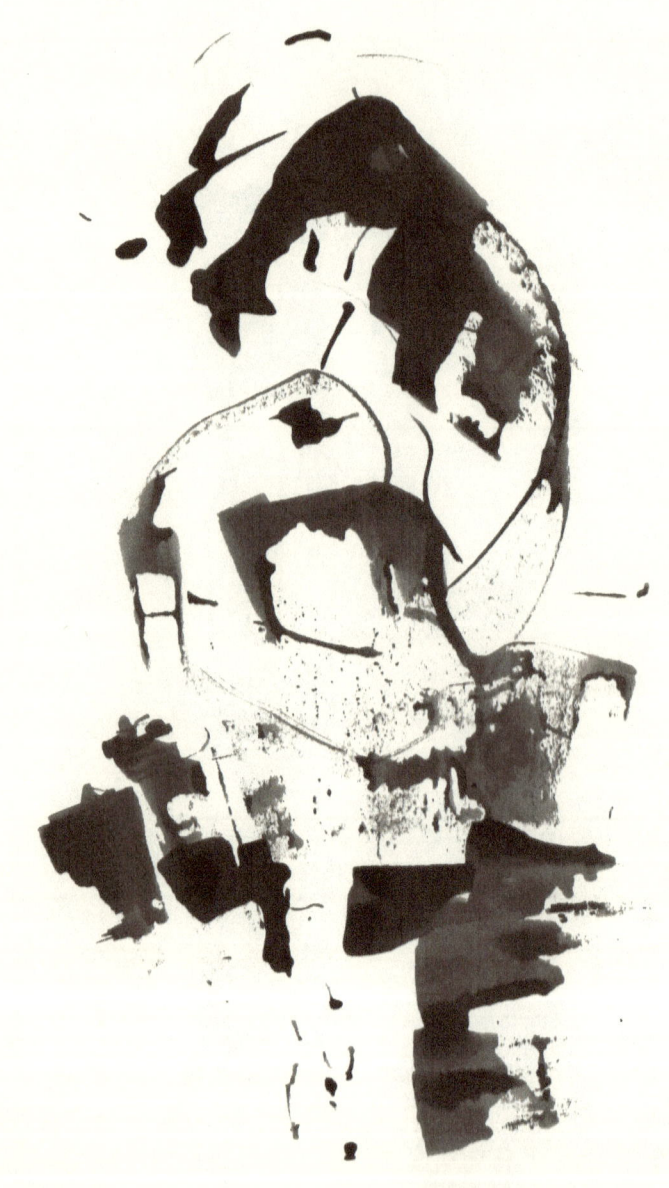

Ciclo 654

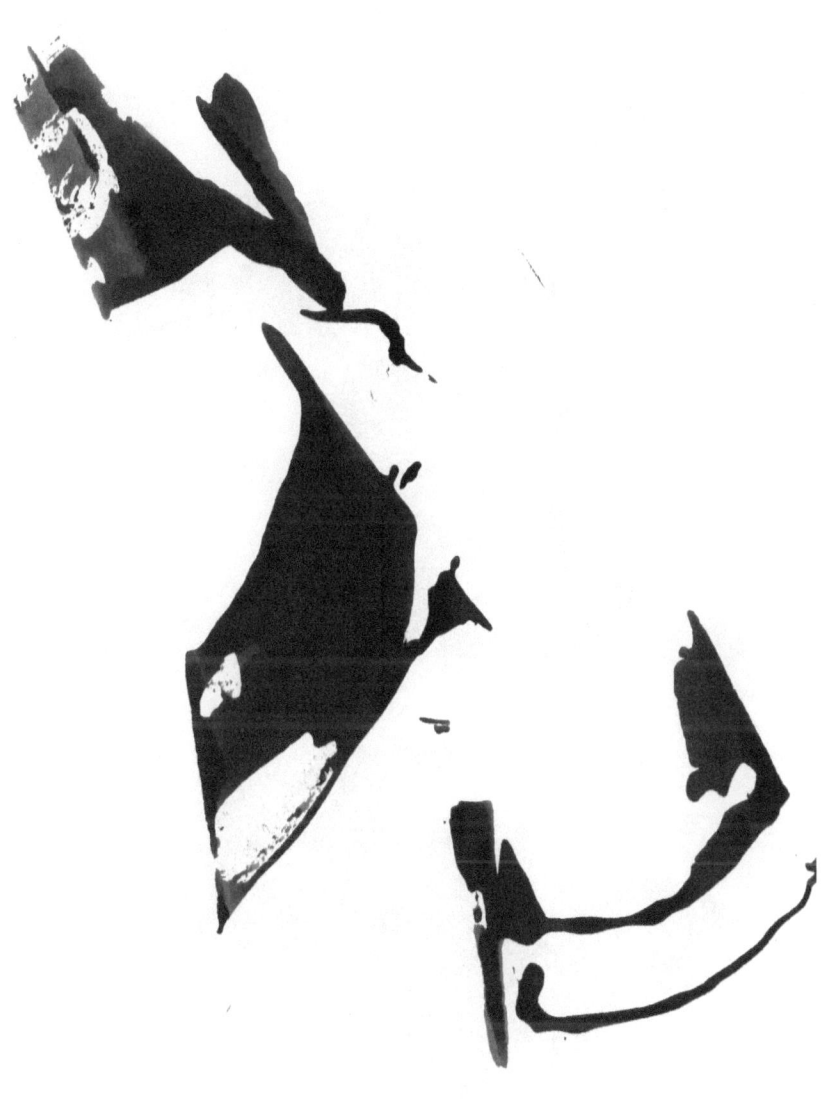

Ciclo 655

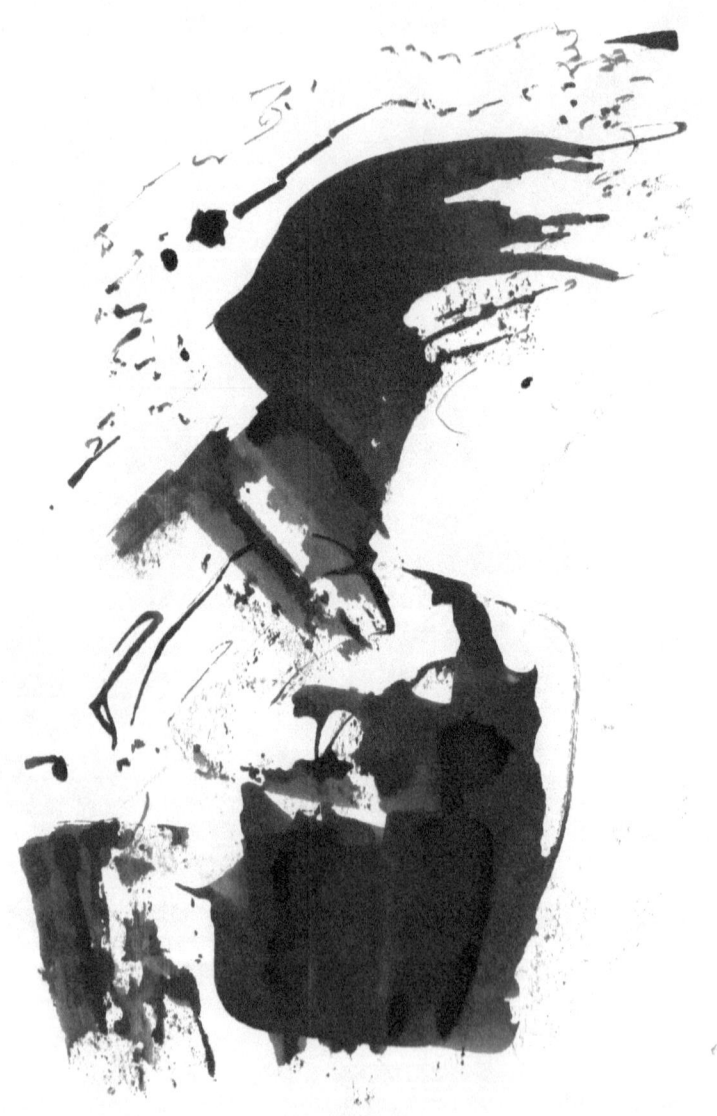

Ciclo 656

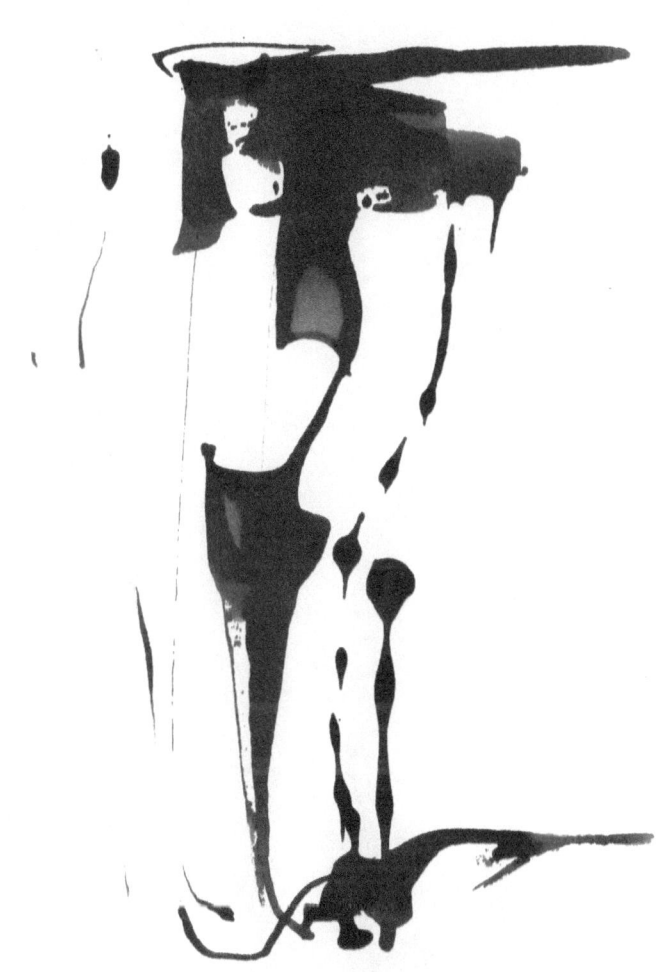

Ciclo 657

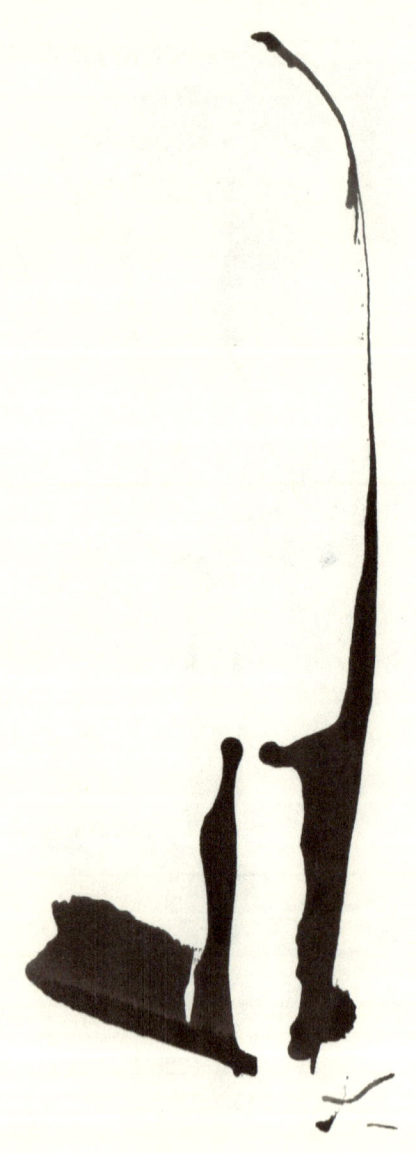

Ciclo 658

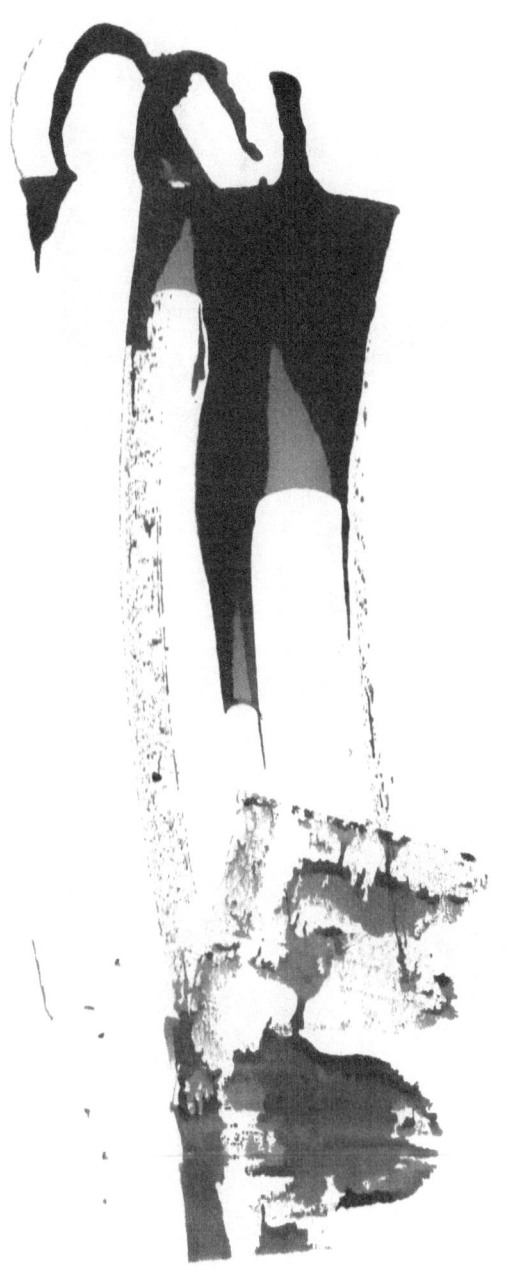

Ciclo 659

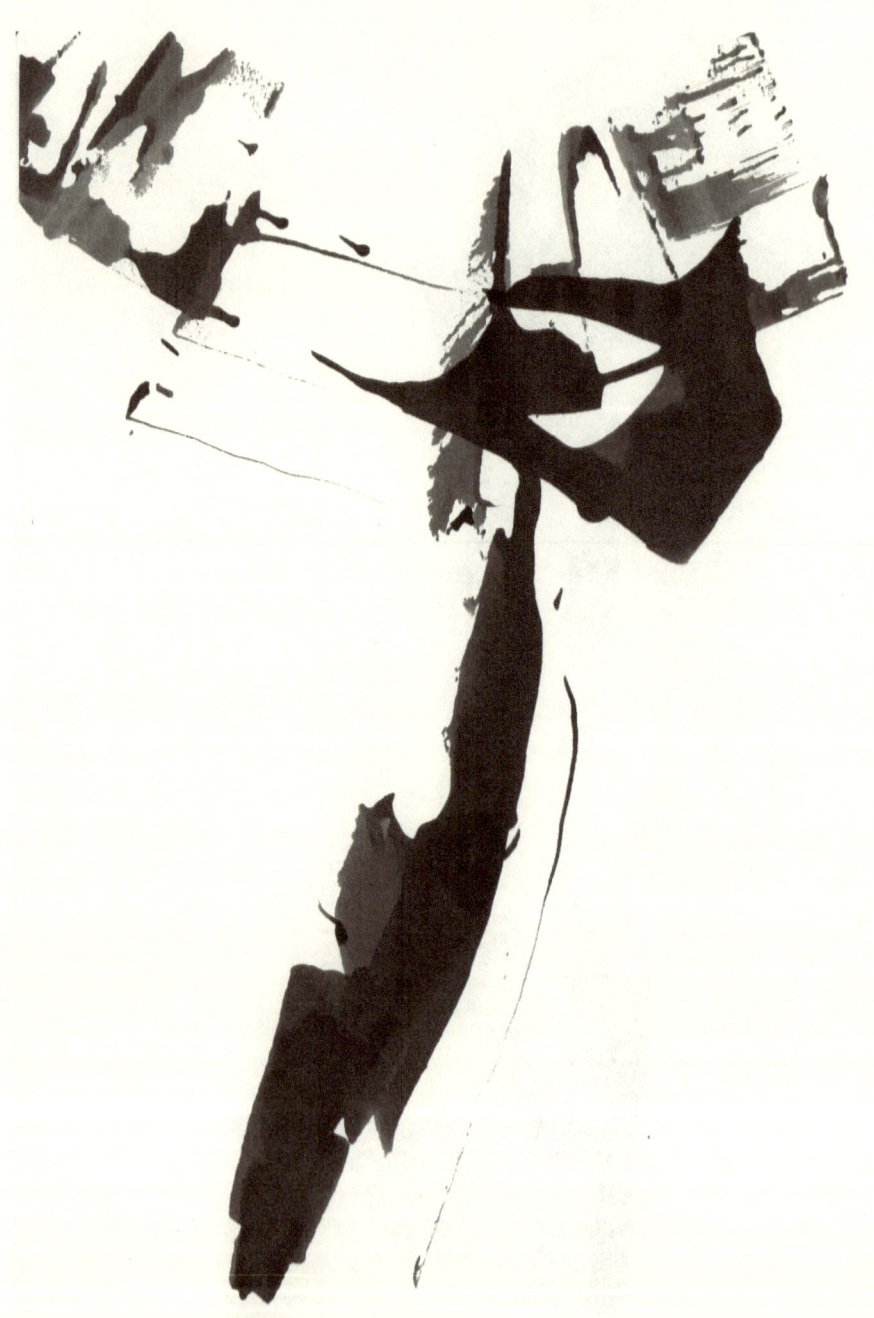

Ciclo 660

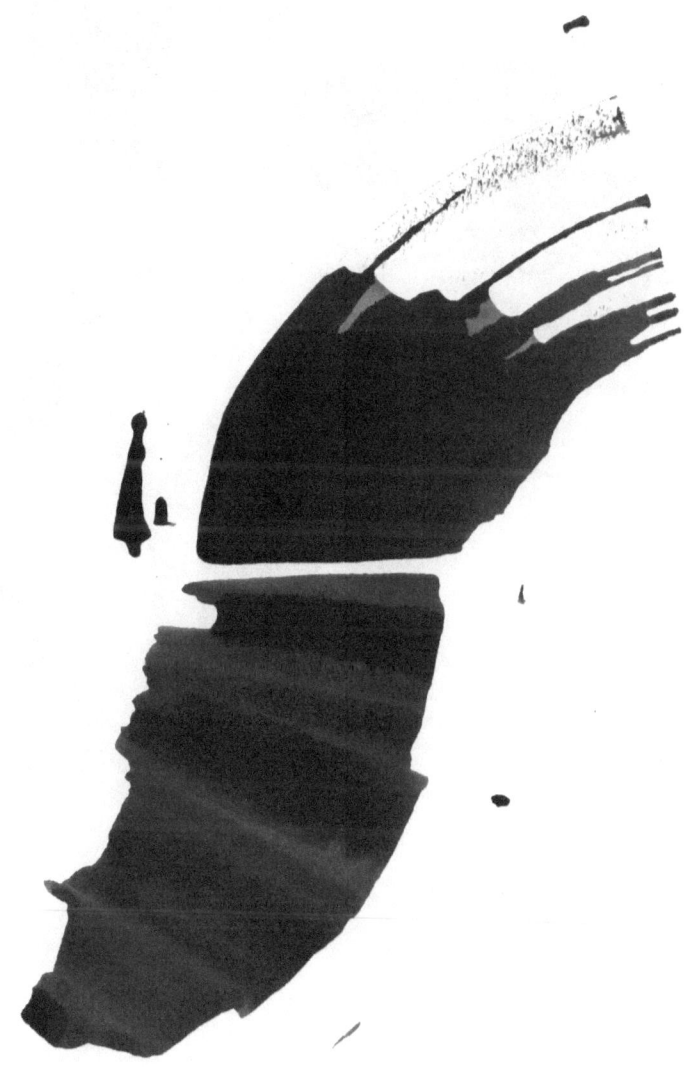

Ciclo 661

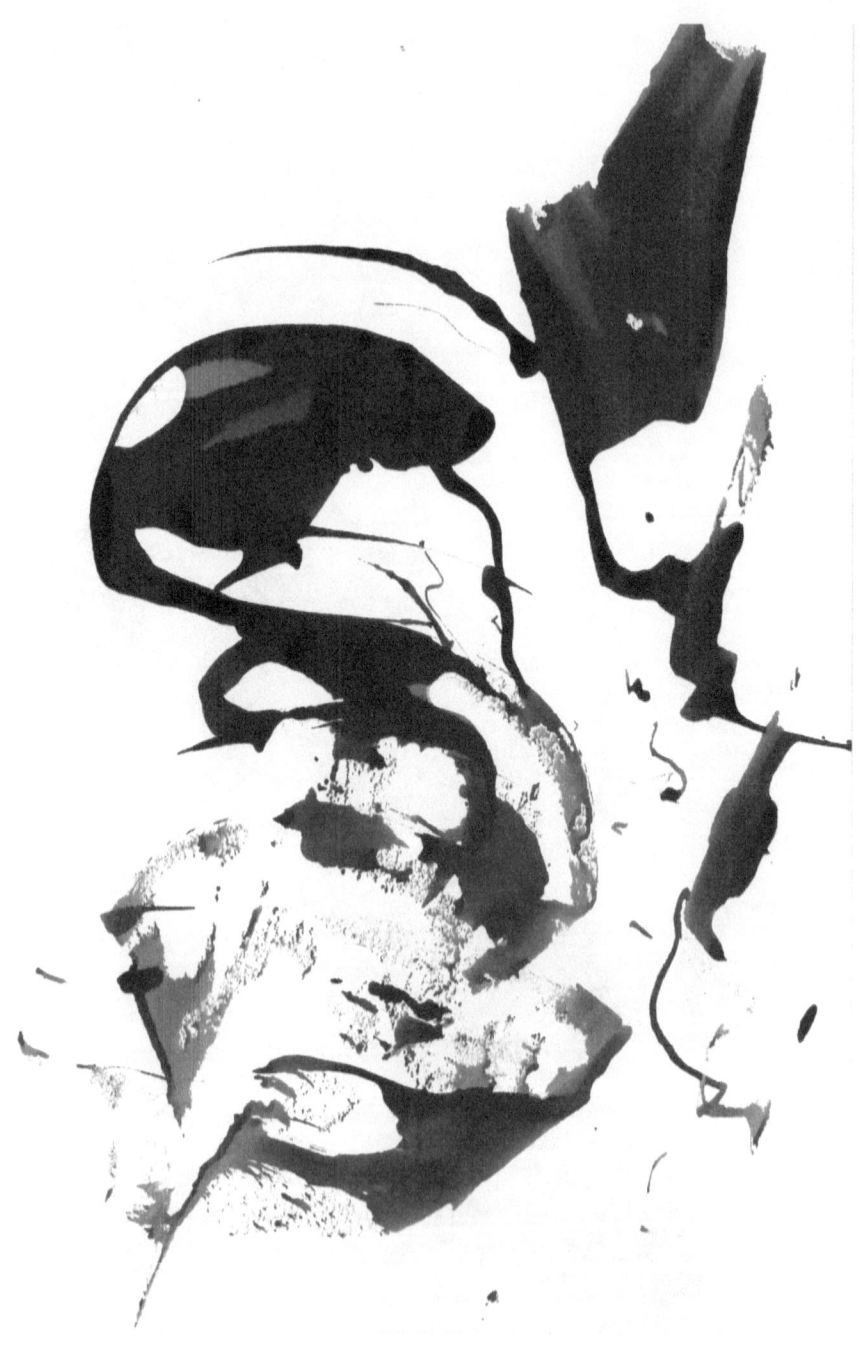

Ciclo 662

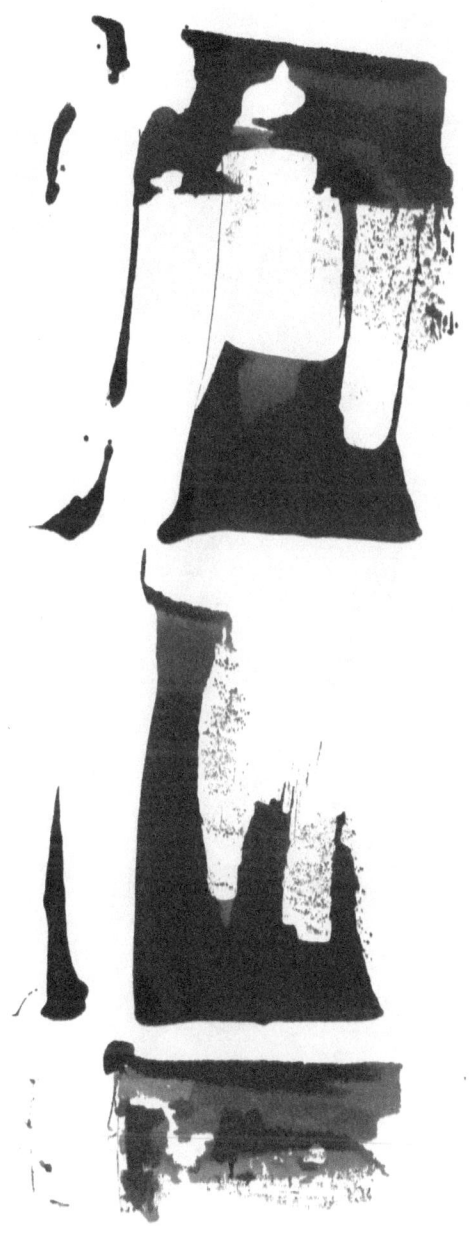

Ciclo 663

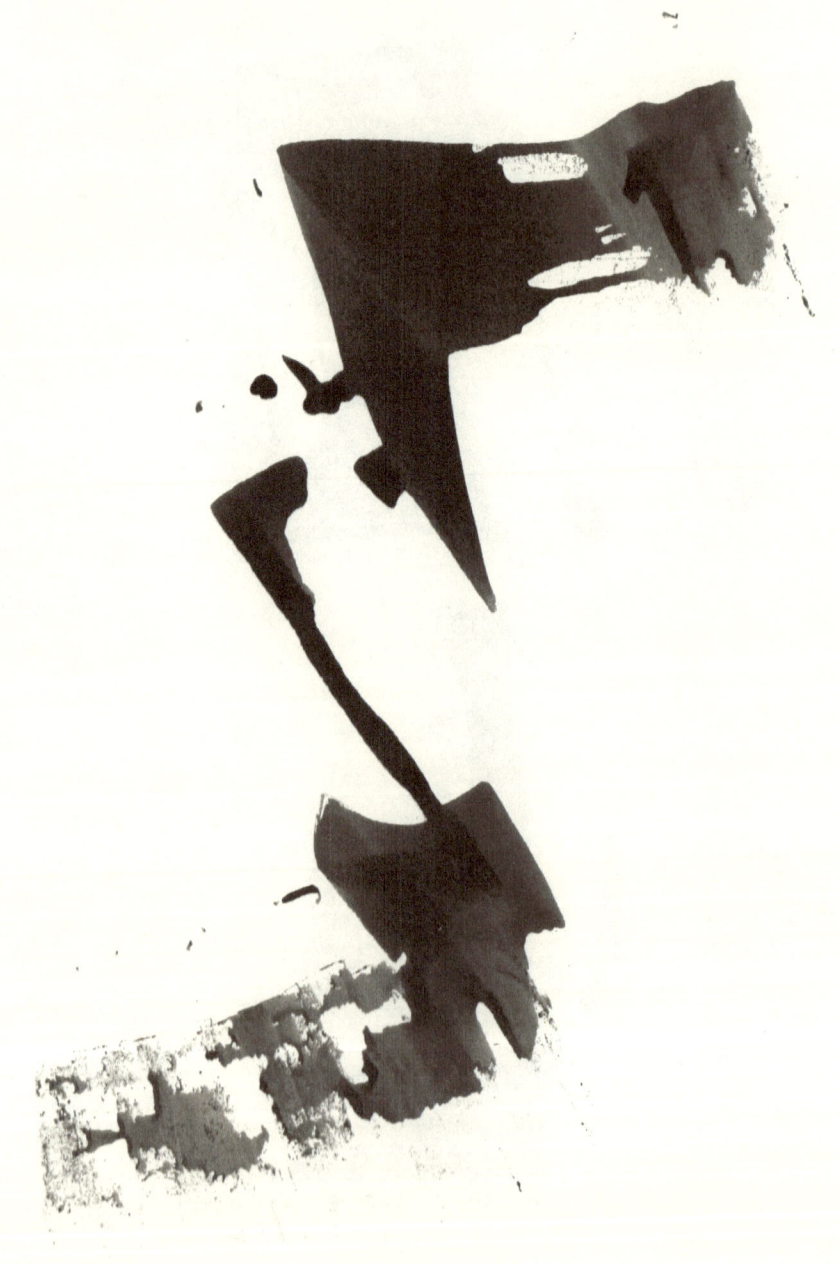

Ciclo 667

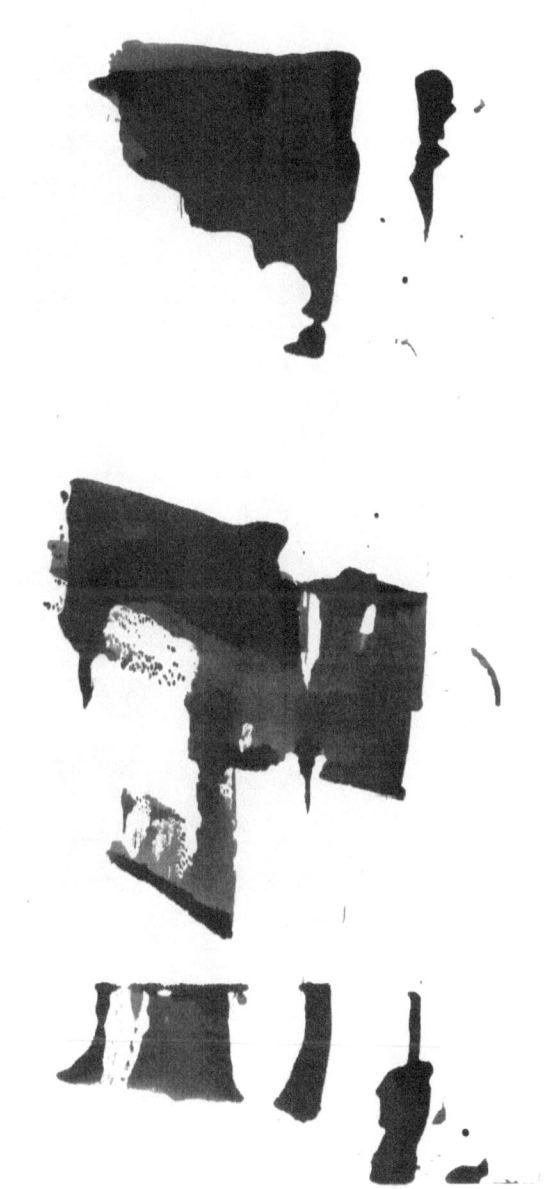

Ciclo 668

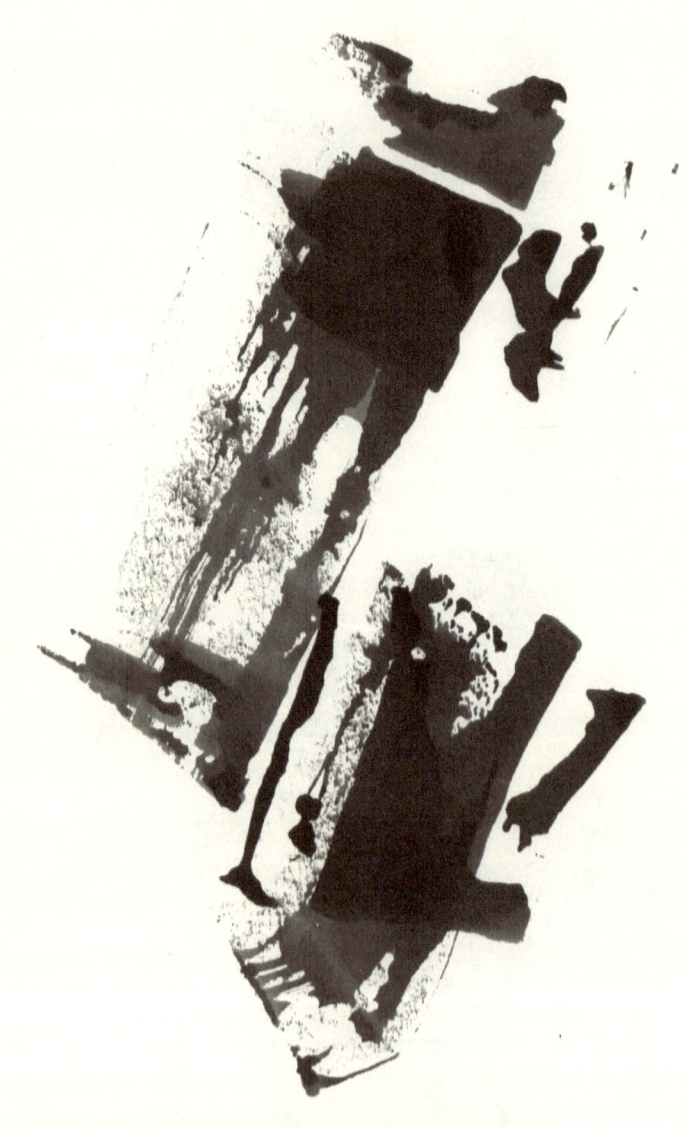

Ciclo 669

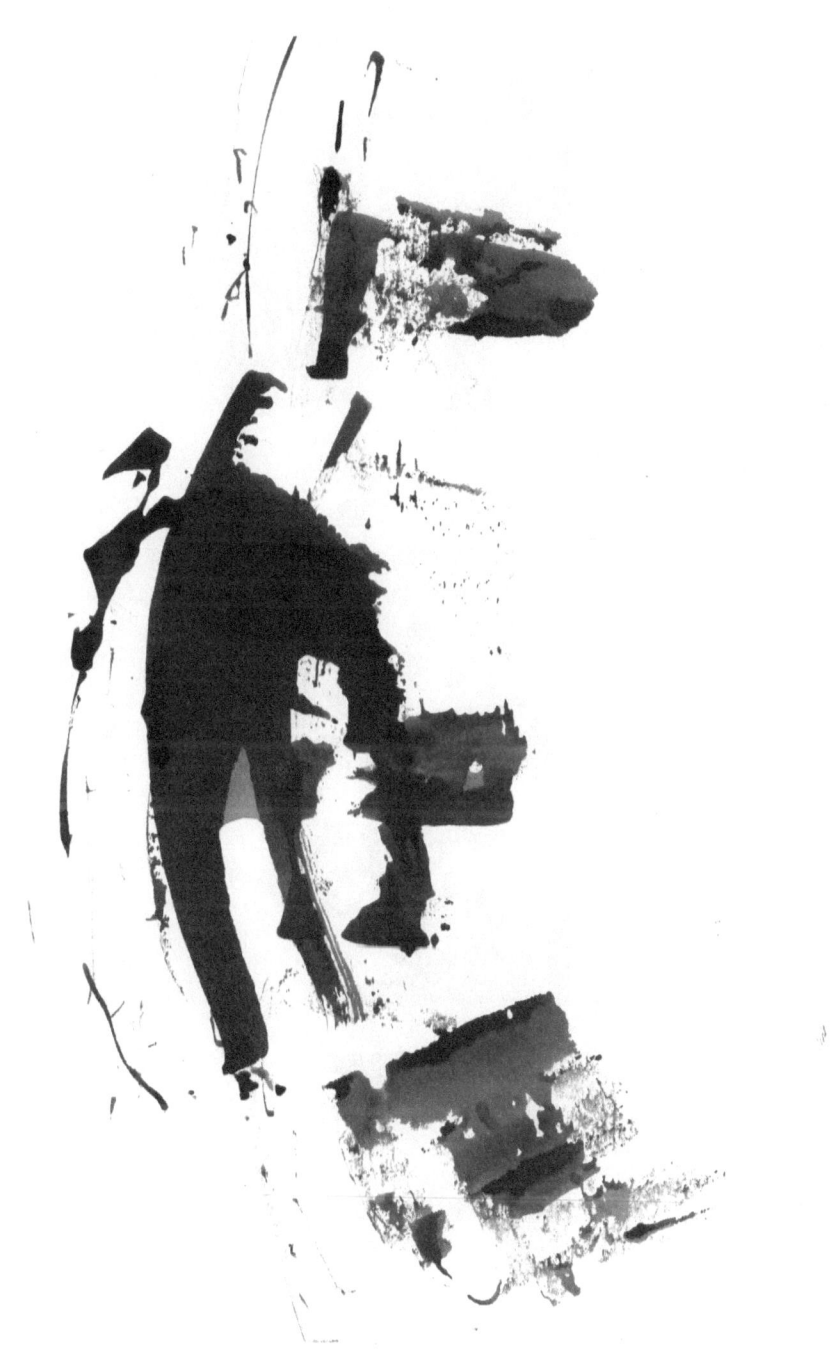

Ciclo 671

Ciclo 672

Ciclo 673

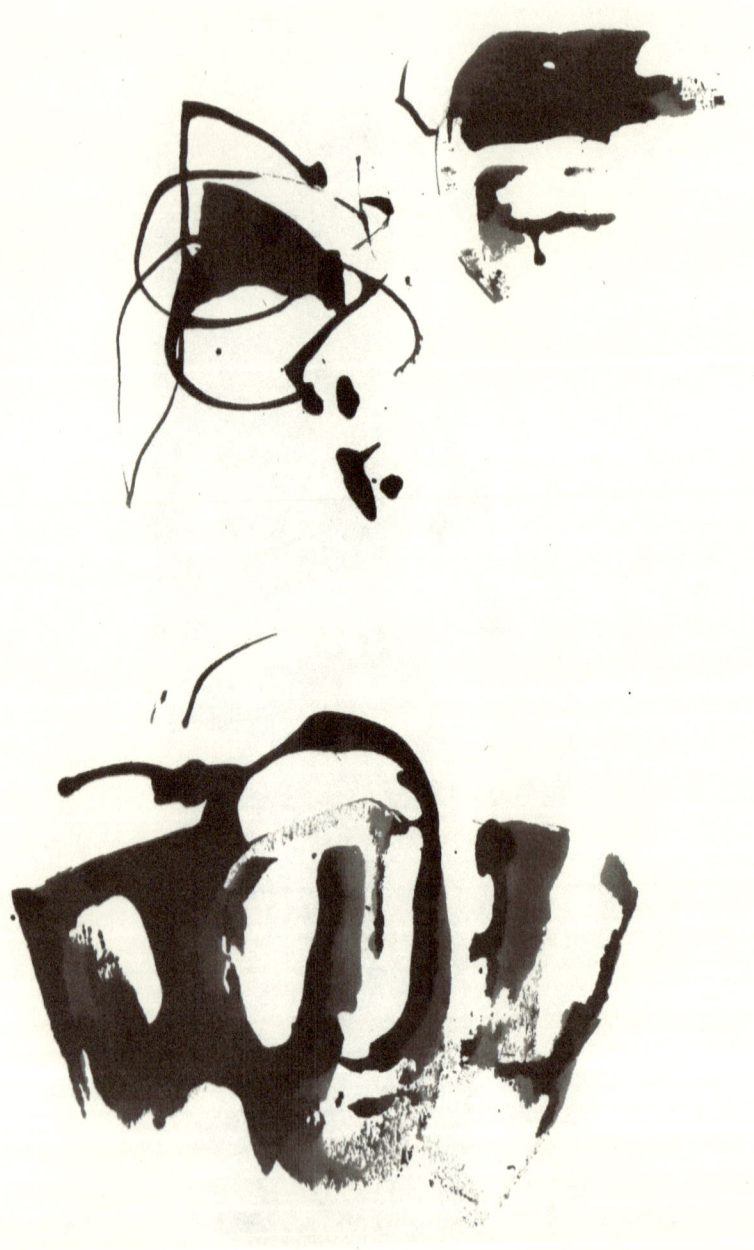

Ciclo 674

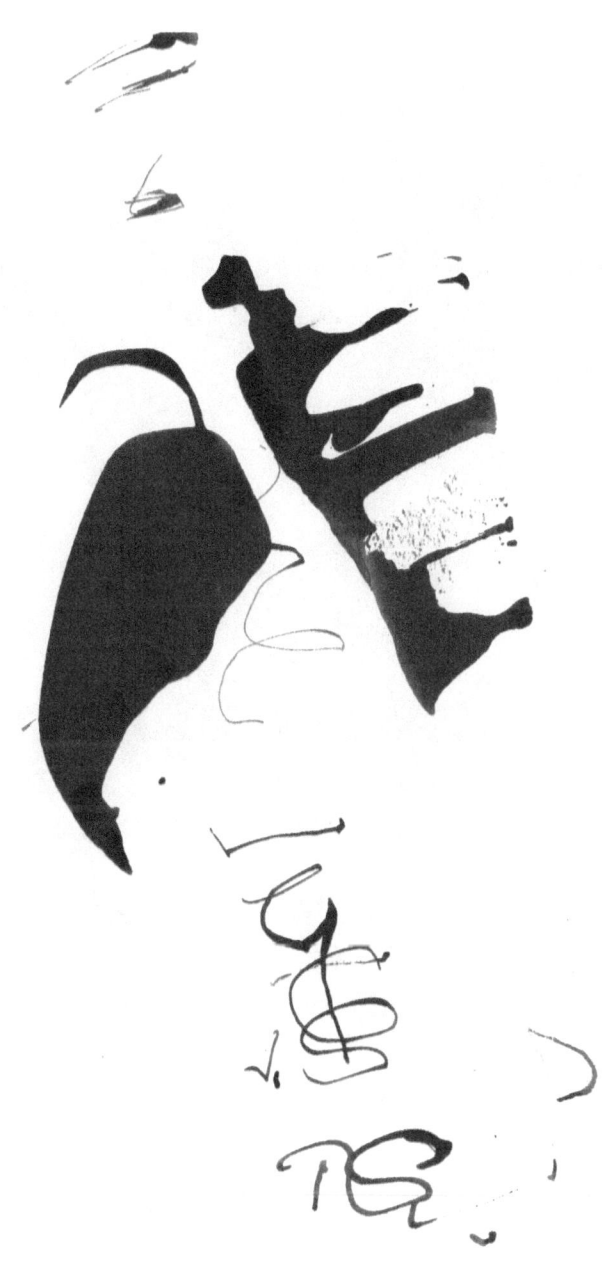

Ciclo 675

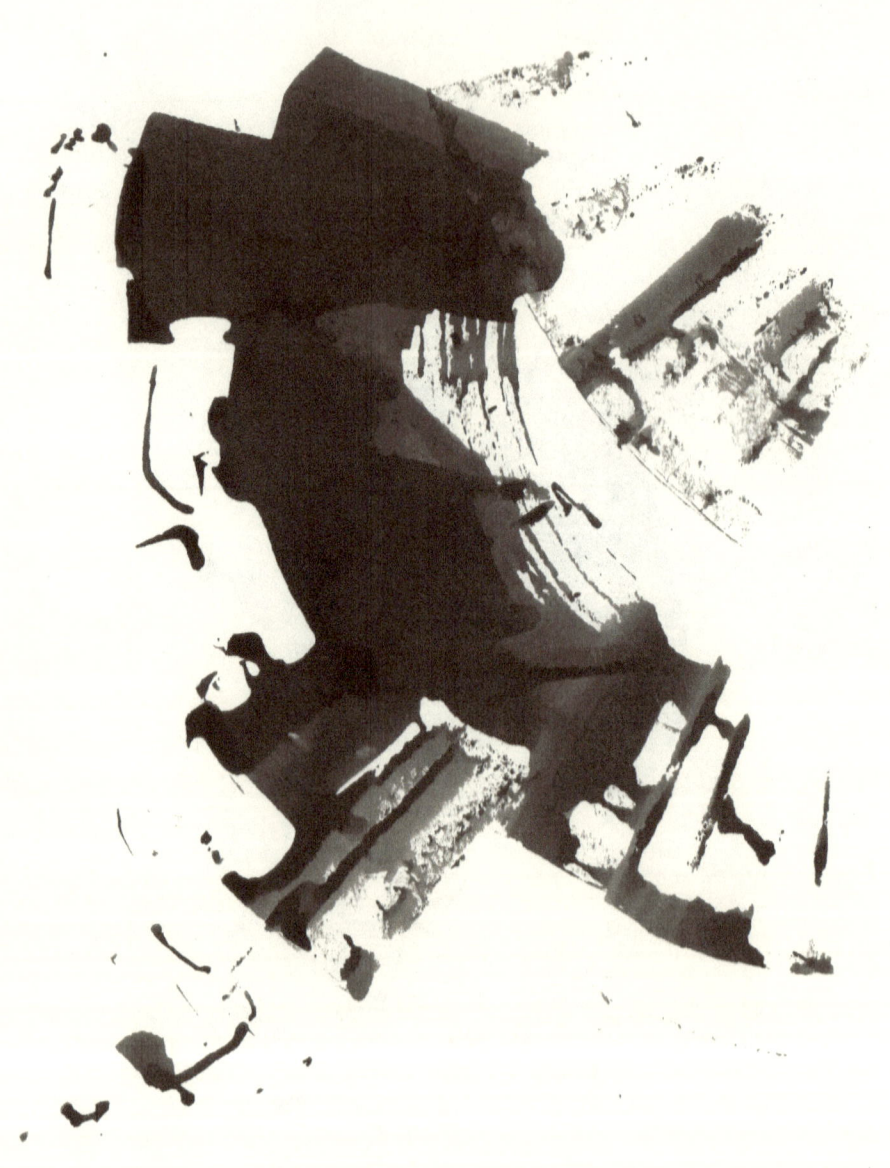

Ciclo 676

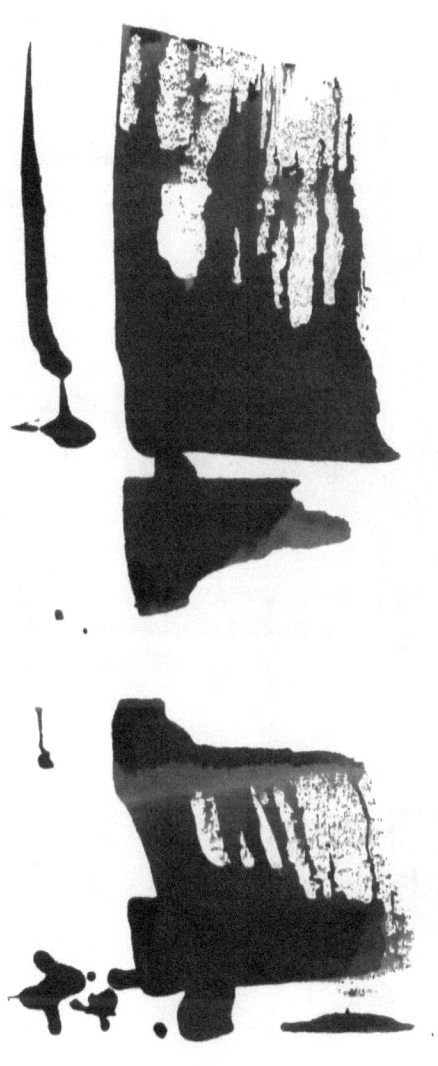

Ciclo 677

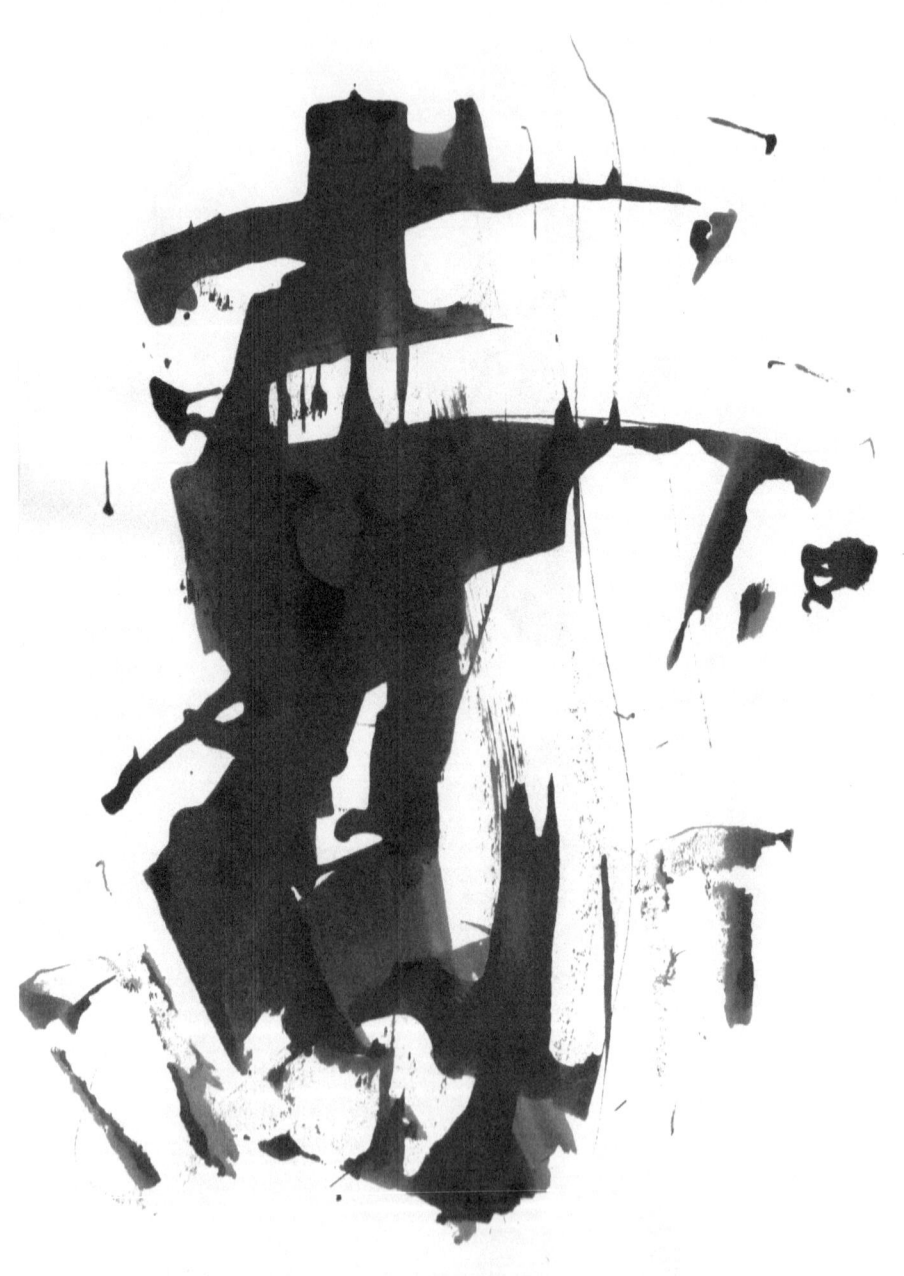

Ciclo 678

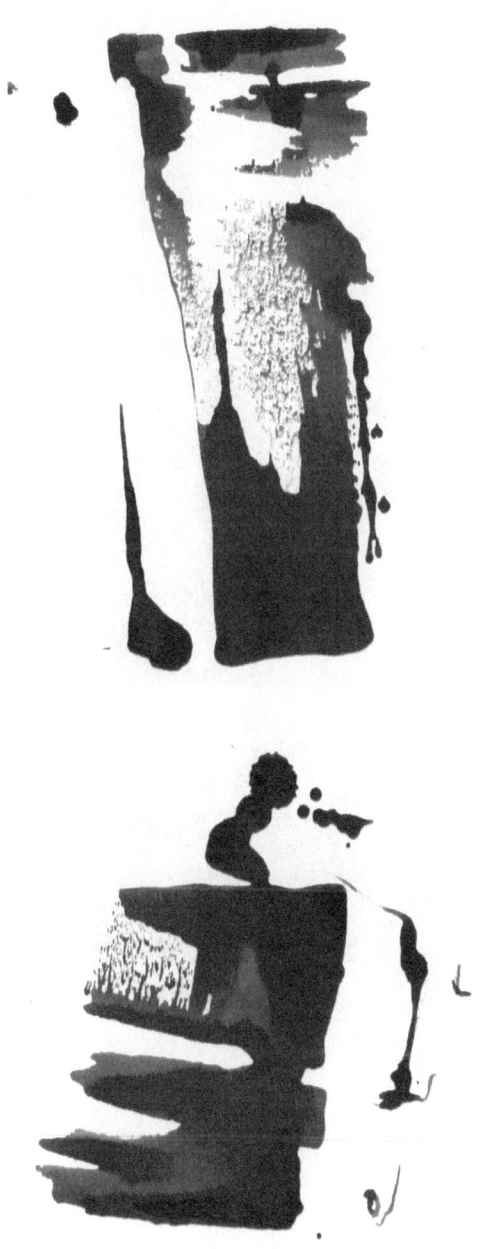

Ciclo 680

Ciclo 681

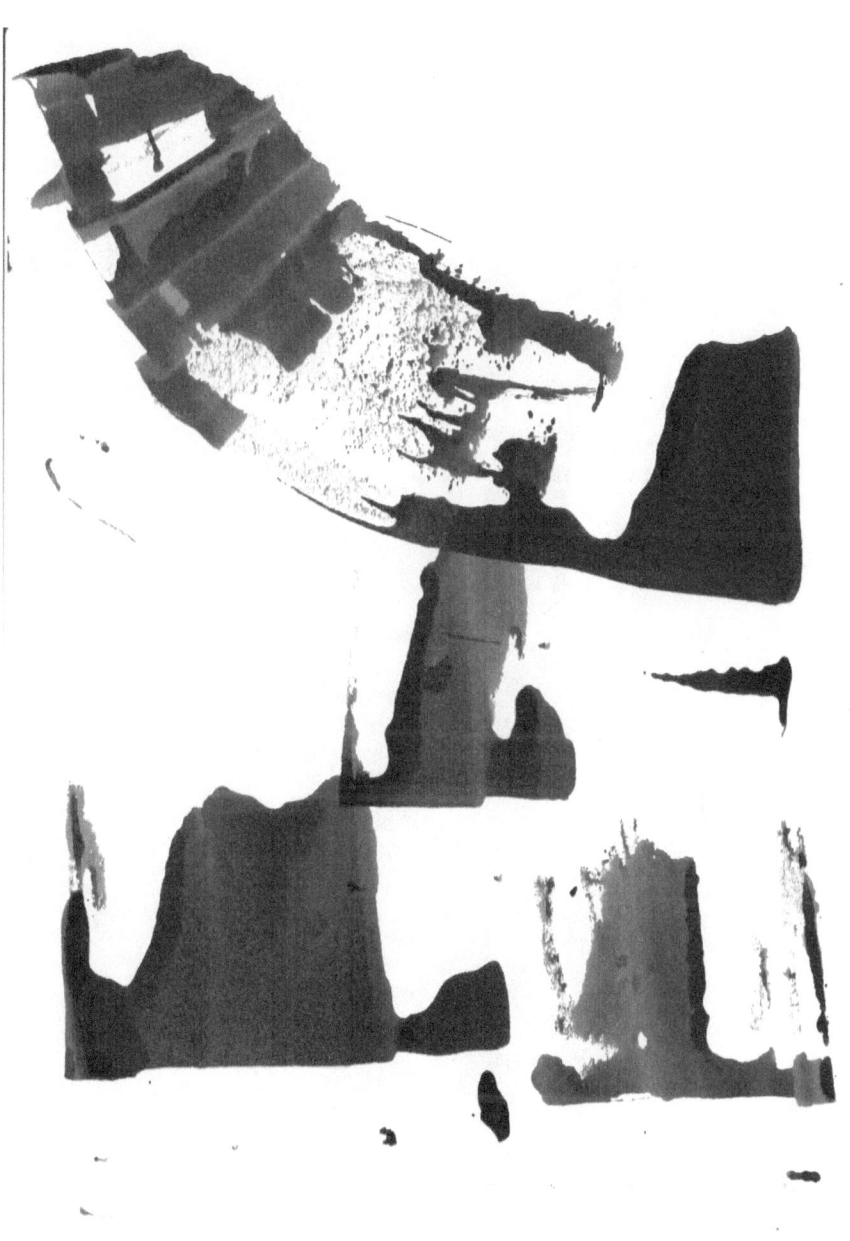

Ciclo 684

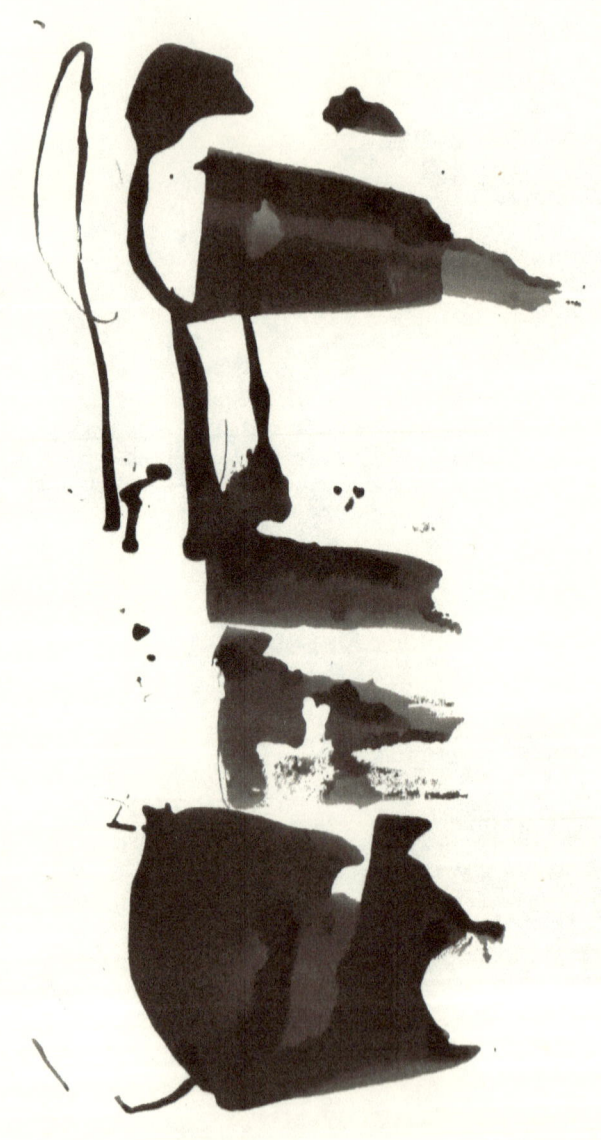

Ciclo 685

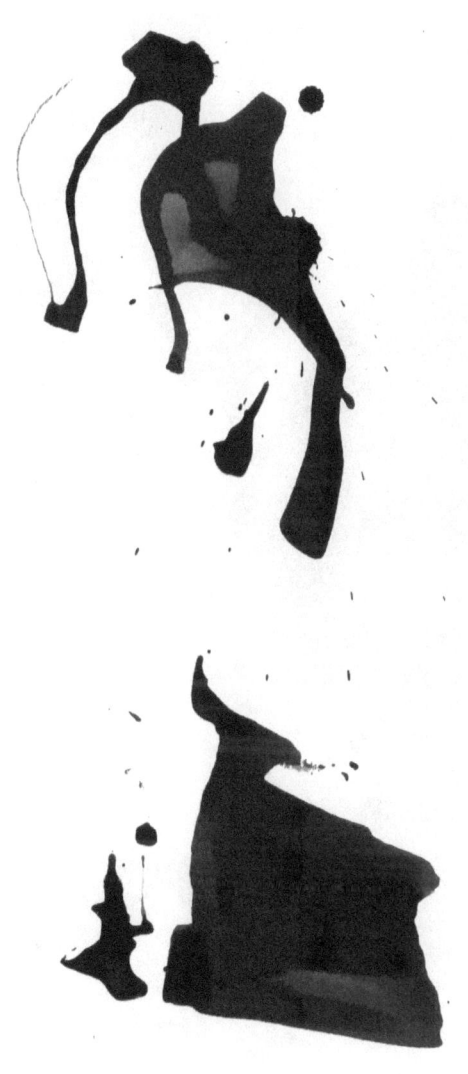

Ciclo 686

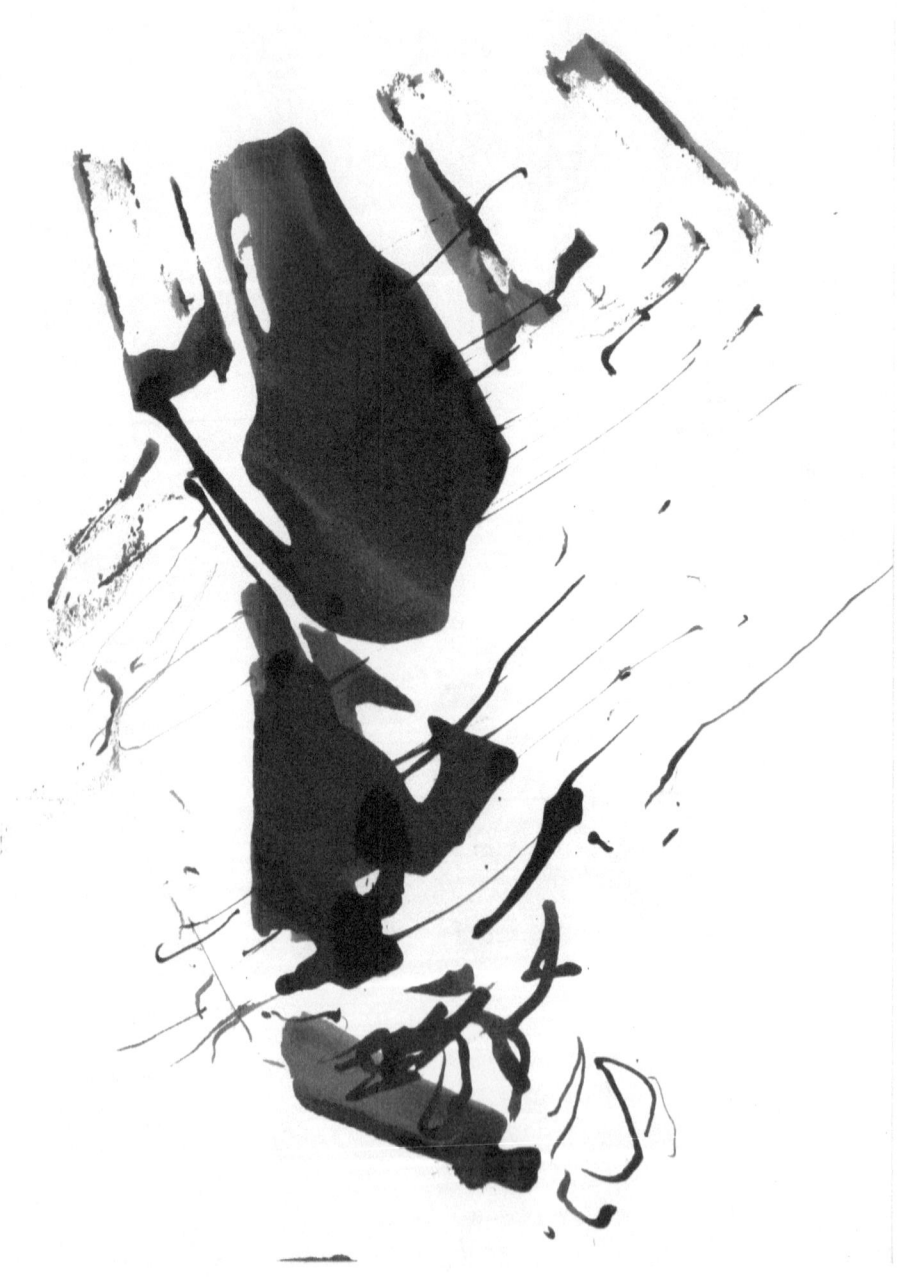

Ciclo 687

www.ingramcontent.com/pod-product-compliance
Lightning Source LLC
Chambersburg PA
CBHW020654220526
45464CB00001B/428